4컷 만화로
한 눈에 알 수 있는
한국인의 **잘못된**
일본어
공식 99

머리말

　한국과 일본은 바다를 사이에 둔 이웃 나라입니다. 이웃 나라이기 때문에 예로부터 다양한 교류가 활발하게 이루어졌고 오늘날에 이르기까지 서로 영향을 주고 받으며 함께 발전해 나가고 있습니다. 일본열도가 한류 붐에 열광하고 일본인들 사이에 한국 문화와 한국어에 대한 관심이 급속히 커지면서 한국을 방문하는 일본인들이 점차 늘어나고 있는 추세입니다. 이로 인해 한국 문화가 일본의 문화 속에 급속도로 파급되고 있습니다. 한편 한국의 경우는 여행이나 사업을 위해 일본을 방문하거나 일본어를 학습하는 이들이 많습니다. 일본어는 한국어와 어순이 비슷할 뿐만 아니라 발음이 비슷한 단어도 많아 한국인에게 가장 친근하고 배우기 쉬운 외국어라고 할 수 있습니다. 실제로 일본을 방문해 보면 도시의 분위기와 오가는 사람들의 모습이 한국의 그것과 너무도 흡사하여 언뜻 보기에는 별다른 차이가 없다고 느끼실지도 모릅니다. 서로 공통점이 너무도 많기 때문에 일본인이 한국을 혹은 한국인이 일본을 방문할 경우 자신이 방문한 곳이 외국이라는 사실을 자칫 잊어 버리는 경우도 종종 있을 것입니다.

　하지만 한국인의 경우, 일본에서 생활해 보거나 일본사람들과 소통을 하면서 미묘하지만 큰 차이점을 깨닫고 비로소 "아, 역시 여기는 외국이야"라고 새삼 깨닫게 되는 일이 있습니다.

　일본인의 경우도 한국을 방문하게 되면 이와 유사한 경험을 종종 하게 됩니다. 예를 들어, 당신이 한국을 찾은 일본인에게 "오뎅 먹으러 갈래요?"라고 제안할 경우, 일본인은 아마 '오뎅'이 일본에서도 알려진 음식이기 때문에 아무 거리낌 없이 따라 갈 것입니다. 하지만 당신이 생각하는 "오뎅"과 일본인

  이 떠올리는 "おでん"이 사뭇 다르다 사실을 알고 계십니까? 과연 일본인은 실물을 접하게 되었을 때 어떻게 생각할까요? 아마 난감하기도 하고 무척 의아하게 여길 것입니다. 왜 그런지 그 해답은 책 속에서 찾아보실 수 있습니다.

  한국인과 일본인의 생활 습관과 언어 습관에서 나타나는 미묘한 차이점, 각자의 머릿속에 떠올리고 있는 생각의 차이를 4컷 만화를 통해 고스란히 담은 것이 바로 "한국인의 잘못된 일본어 공식 99"입니다. 일선에서 일본어를 가르치는 교육자들이 자신들의 경험을 토대로 한국인과 일본인의 습관 차이에서 일어나는 재미있는 에피소드를 모아 보았습니다. 자신의 생각을 좀처럼 드러내지 않는 일본인의 특성 때문에 그 동안 알 수 없고 들을 수 없었던 그들의 생각과 습관을 이해하고 많은 분들이 "아! 그렇구나~", "그런 거였구나~" 하고 고개를 끄덕이며 한국과 일본의 문화를 체험 해 주신다면 감사하겠습니다. 또한 일본어를 배우고 있는 분들도 만화를 통해 "잘못된 일본어 공식"을 이해하고 나아가 일본어 학습에 대한 의욕을 한층 더 높여 갈 수 있으면 합니다.

  일본 연수, 유학, 출장 등 방문 전후 혹은 교실에서 한국과 일본의 문화적 차이점을 이해하고 글로벌 감각을 익히는 데 있어서 필독서로 자리매김 할 수 있다면 더없이 큰 영광으로 생각합니다.

  단, 한 가지 분명히 해 둘 점은 사람마다 개인 차이가 있으므로 본서에서 제시한 설명이 절대적인 것은 아니라는 점입니다. 이 책을 통해 기본적인 정보를 얻고 몸소 체험하여 자기 나름의 멋진 공식을 만들어 가시기를 기대합니다.

저자 일동

등장인물

본 책의 전체적인 이야기 흐름은 아버지의 일본 부임으로 인해 일본으로 건너와 생활하게 된 건이네 일가와 일본 현지 사토씨 가족들의 교류를 통해 겪게되는 한일 문화간 에피소드를 중심으로 엮여져 있습니다.

자, 그럼 주요 등장 인물들을 소개하도록 하겠습니다.

차 례

01	'오하요'는 언제 사용하나요? 08		26	'캇테타베루(買って食べる)'란? 58
02	밤인데 왜 '오하요'라고 하나요? 10		27	'타누키 우동?', '키츠네 우동?' 60
03	'스미마셍'은 사과할 때만? 12		28	일본의 '카츠동(カツ丼)', 한국의 '엿' 62
04	'와루이'라니 뭐가 나쁜 걸까? 14		29	'오야코동(親子丼)'이 뭘까? 64
05	'센세사마'라는 말은 없을까? 16		30	'남성어'와 '여성어' 66
06	같지만 다른 '오뎅' 18		31	일본인의 입버릇인가? 68
07	뭐야~, 이건 '라면'이 아니잖아? 20		32	쉽게 알려주지 않는다! 70
08	일본은 '각자 부담'이 원칙 22		33	'62년생'은 몇 살일까? 72
09	'동물의 울음소리'가 그렇게 다른가? 24		34	왜 이렇게 비싸지? 74
10	편리하게 사용되는 '도모' 26		35	'젓가락' 문화의 금기사항 76
11	'데지카메'가 뭘까? 28		36	차는 '오른쪽?', '왼쪽?' 78
12	형제도 아닌데 '형'이라니… 30		37	조용히! 80
13	'아파트' 10층에 살고 있어요??? 32		38	식사하셨습니까? 82
14	'이이데스'라고 말했는데? 34		39	배달천국 84
15	부모님은 밥을 '먹다?', '드시다?' 36		40	누구에게 말하나? 86
16	'두루마리 휴지'가 식탁에 있다니!? 38		41	어떻게 먹나? 88
17	'난데모 이이(뭐든 좋아)'란 거짓인가? 40		42	'정좌' 더 이상 못 참겠다 90
18	'어서 오세요'는 가게에서! 42		43	1박2일에 100엔? 92
19	'미루(보다)' 44		44	'도조, 도조' 94
20	'차례'대로 내야 하나? 46		45	'요쿠(잘)'란 말을 사용할 때 주의하기 96
21	'기분이 안 좋다(気分が悪い)'고? 48		46	'연인'과 '애인'은 달라 98
22	'콧푸(コップ)라멘'? '캇푸(カップ)라멘'? 50		47	'오토코', '온나'라고 하면 실례? 100
23	'쿠니(国)'가 어디를 가리키나? 52		48	'두 번째 단추' 주세요 102
24	'아나타(あなた)'라고 부르지 마 54		49	'소풍날 도시락'이라고 하면? 104
25	'난넨세(何年生)'란? 56		50	일본인은 '답례'를 좋아한다? 106

51	택시의 '문' 108
52	'나'를 가리키는 동작 110
53	'그 손'은 뭐니? 112
54	'머리 숙여 인사'하는 일본인 114
55	순서가 '반대' 116
56	거짓말도 아니면서 '거짓말~' 118
57	'맞장구'는 상대의 말을 듣고 있다는 표시 120
58	사토 씨네는 '모두' 사토 씨 122
59	어! 과자를 '다' 먹어치웠어? 124
60	도대체 뭐라고 하는 거야? 126
61	'아저씨', '아줌마'라고 부르지 마! 128
62	'오쓰카레사마?', '고쿠로사마?' 130
63	어디가 '아파'? 132
64	'장음' – 작은 차이, 전혀 다른 의미 1 134
65	'탁음' – 작은 차이, 전혀 다른 의미 2 136
66	'나이'가…? 138
67	기본안주가 '무료'가 아니다?! 140
68	건배한 후 '술 마시는 방법'의 차이 142
69	'담배' 피워도 되겠습니까? 144
70	일주일에 세 번 '헬스'를 다녀요 146
71	'커피믹스'란? 148
72	'리필'이 안 된다고?! 150
73	'선물'을 선택하는 것은 어렵다! 152
74	어, '반찬'이 이게 다야? 154
75	'목욕물'이 없어졌다? 156

76	한국과 일본의 겨울 '난방문화' 158
77	'저번'에는 감사했습니다 160
78	'과자'의 가치 162
79	'잘' 봐주세요 164
80	함께 하는 식사, '혼자' 하는 식사 166
81	'손'을 잡는 것이 부끄럽다? 168
82	한국인의 이름에는 전부 '동'이 붙나? 170
83	아주머니는 '파마'? 172
84	'청첩장'도 없이 결혼식을? 174
85	'가려?', '안 가려?' 176
86	헉! 남탕에 '아줌마'가 있다? 178
87	'기모치와루이'란? 180
88	'들'을 붙이면 이상해 182
89	'이케루(イケる)', 어디 가니? 184
90	'주차장'에서 일어난 희한한 일 186
91	한국의 '도로사정' 188
92	이런 곳에서 '춤'을 추다니? 190
93	꼬치꼬치 물어보지 마 192
94	'규칙'은 '규칙'이다 194
95	갑작스런 '방문' 196
96	'금기사항' – 그 상태로 나가지마 198
97	불 꺼! 200
98	화장실이 '멀다'? 202
99	'전단지' 대작전 204

01 '오하요'는 언제 사용하나요?

어, 저기 선생님, 오신다.

어, 정말이네.

지금 11시니까 '오하요고자이마스'라고 하면 되나? '곤니치와'라고 해야 되나?

오전이니까… '오하요고자이마스' 아냐?

센세, 오하요고자이마스.

하이, 곤니치와.

(이상하다???)

8 한국인의 잘못된 일본어 공식 99

Explain

일본어의 인사 '오하요고자이마스', '곤니치와', '곤방와'는 시간과 무관합니다. 해가 떠서 날이 밝은 아침에는 '오하요'를 사용하고 오후에는 '곤니치와'를, 주위가 어둑해지면 '곤방와'를 사용합니다. 하지만 오후에 가까워지는 오전 11시와 같은 시간대에는 '오하요'나 '곤니치와' 어느 쪽이든 사용할 수 있으며, 저녁에 어둑해질 무렵에는 '곤니치와'나 '곤방와' 어느 쪽이든 사용할 수 있습니다.

日本語の挨拶「おはようございます」「こんにちは」「こんばんは」の区別は、時間帯がはっきりと決まっているわけではありません。基本的には太陽が昇って、明るくなった朝にする挨拶は「おはよう」、午後は「こんにちは」、辺りが暗くなったら「こんばんは」を使います。でも、正午に近い午前11時ごろの時間帯は、「おはよう」も「こんにちは」も使いますし、夕方のうすぐらい時間帯は「こんにちは」も「こんばんは」も使います。

02 밤인데 왜 '오하요'라고 하나요?

거스름돈 230엔입니다.
감사합니다.

(아르바이트 첫날이라 바빴는데
이제 곧 교대 시간이네~ 아싸~)

오하요고자이마스.
수고하셨어요~

(오…오하요고자이마스？？？)

이 경우 밤 9시로 주위가 어둑하니, 당연히 '곤방와'라고 해야 하지만 일본에서는 '오하요'라는 아침 인사가 아침 시간이외에도 자주 사용됩니다. 단 일을 시작할 때 사용하며, 그 시각이 오후이든 밤이든 아침에 직장에서 동료와 마주쳤을 때와 마찬가지로 '오하요' 혹은 '오하요고자이마스'를 사용하는 것입니다.

この場合、時刻は夜9時で辺りは真っ暗ですから、当然「こんばんは」というべき時間ですが、日本では「おはよう」という朝の挨拶を朝以外にも使う場合があります。それは、仕事を始めるときです。仕事を始める時間が午後であろうと夜であろうと、朝、職場で同僚と会ったときと同様のあいさつである「おはよう」「おはようございます」を使用するのです。

03 '스미마셍'은 사과할 때만?

오해의공식
すみません=죄송합니다

 스미마셍(실례합니다). 이 책 빌리고 싶은데요.

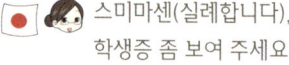 스미마셍(실례합니다), 학생증 좀 보여 주세요.

 스미마셍(죄송합니다)?

 아, 네.

 예, 여기 있습니다.

 네, 스미마셍(감사합니다).

 (또 사과하네? 왜 그럴까?)

12 한국인의 잘못된 일본어 공식

Explain

'스미마셍(すみません)'은 '죄송합니다'에 해당하는 인사말입니다. 하지만 사과할 때 외에도 여러 가지 경우에 사용할 수 있습니다. 상대에게 말을 걸 때 '스미마셍(すみません)'이라고 말하기도 하고 상대에게 뭔가를 받았을 때나 상대가 나에게 무엇인가를 해주었을 때에도 '고맙다'는 뜻으로 '스미마셍(すみません)'이라고 합니다. '스미마셍(すみません)'은 상대에게 폐가 되거나 부담을 주는 것을 염려하는 표현으로 사죄, 감사, 의뢰 등 여러 가지 의미로 사용되므로 자칫 일본사람이 늘 사과하는 것처럼 보이기 쉬우나 사실은 그렇지 않습니다.

「すみません」は「罪송합니다」という挨拶の言葉です。しかし、謝る場合以外にも、いろいろな使い方があるのです。人に呼び掛けるとき「すみません」といったり、何かを受け取ったり、何かをしてもらったりするとき「ありがとう」の意味で「すみません」と言ったりします。「すみません」は相手に対して迷惑や負担を掛けていることを気づかった言葉で、謝罪、感謝、依頼など、いろいろな意味で使われるのです。日本人がいつも謝っているというわけではないのですね。

04 '와루이'라니 뭐가 나쁜 걸까?

좃토 와루잉다케도….
(좀 미안하지만….)

오해의 공식

悪い=나쁘다

응?
(뭐가 나쁜 거야?
내가? 네가??)

잔돈 좀 빌려 줄래?

아, 뭐야~ 그래.

'와루이'는 '나쁘다'란 뜻의 형용사로 「たばこは体に悪い(담배는 몸에 해롭다)」, 「彼は悪い人じゃないですよ(그는 나쁜 사람이 아닙니다)」와 같이 사용합니다. 하지만 남에게 부담이나 폐를 끼쳐서 '죄송하다'는 심정을 나타낼 때에도 사죄의 의미로 '와루이'를 사용합니다. 무언가가 나쁘다고 평가하는 것이 아니므로 염려할 필요는 없습니다.

「悪い」は「나쁘다」という意味の形容詞で、「たばこは体に悪い」「彼は悪い人じゃないですよ」のように使います。でも、相手に負担や迷惑をかけて「申し訳ない」という気持ちを表現するときも、謝罪の意味で「悪い」を使います。何かが悪いと評価しているわけではありませんから、心配する必要はありませんよ。

05 '센세사마'라는 말은 없을까?

센세사마,
오하요고자이마스.

아, 네, 오하요.

센세사마,
질문이 있습니다.

아, 네, 말해 봐요.

센세사마,
이거 드세요.

네, 고마워요.

오해의 공식
님=様

센세사마,
내일 뵙겠습니다.

이제 '사마'란
말은 그마~안!

Explain

한국에서는 '선생님'이라고 하지요? '님'은 일본어에서는 「様(사마)」이므로 자칫 '센세사마'라고 말하기 쉽지만 일본에서는 그와 같은 표현을 사용하지 않습니다. 「先生(센세)」자체가 존경의 뜻을 나타내므로 거기에 '사마'를 붙이면 지나치게 과장된 느낌을 줍니다. '선생님'과 마찬가지로 '교수'나 '사장', '부장', '과장' 등과 같은 직위를 나타내는 명칭에도 한국에서는 '님'을 붙이지만 일본에서는 '사마'를 붙이지 않습니다. 단 경의를 표하여 '의사 선생님'에 대해 말할 때에는 「お医者様(오이샤사마)」라고 합니다. '고객님'은 「お客様(오캬쿠사마)」입니다. 이것은 「医者(이샤)」나 「客(갸쿠)」가 존칭이 아니므로 「様(사마)」가 필요하기 때문입니다.

韓国では、「선생님」と言いますね。「님」は日本語では「様」なので、「先生様」と言いたくなりますが、日本ではそのようには言いません。「先生」自体が尊称なので、そこにさらに「様」をつけると、とても大げさな感じになってしまうのです。「先生」と同様に「教授」や「社長」「部長」「課長」などの職位名には、韓国では님をつけますが、日本ではつける必要がありません。但し、敬意を表して의사 선생님について話すときには「お医者様」と言います。고객님は「お客様」です。「医者」や「客」は尊称ではないので、「様」が必要なのです。

06 같지만 다른 '오뎅'

아이고, 추워라~
오뎅 먹으러 가자.

응, 나도 오뎅 좋아해.
가자, 가자.

와, 맛있겠다. 건이야,
네가 먼저 주문해.

오뎅 세 개 주세요.

그게 아니라 오뎅 중에
어떤 걸 주문할 거냐고~

달걀하고 무하고 한펜,
그리고 치쿠와 주세요.
건이야, 이렇게 주문하는 거야.

아~ (그렇구나~)

Explain

'오뎅'은 일본에서는 요리의 명칭입니다. 어묵이나 두부, 곤약, 무, 토란, 달걀, 다시마 등을 넣고 끓인 요리로, 재료의 종류나 맛이 지역에 따라 다릅니다. 뜨끈뜨끈한 오뎅은 일본에서도 추운 겨울에 안성맞춤인 요리입니다. 최근에는 편의점에서도 판매하고 있어 입맛대로 종류를 골라 주문합니다. 한국에서는 어묵을 통틀어 '오뎅'이라고 하지만 일본에서는 어묵의 모양이나 재료에 따라 각각 이름을 붙여 말합니다. 예를 들면, '치쿠와', '한펜', '쓰미레', '사쓰마아게' 등이 있습니다.

「おでん」は日本では料理名です。어묵や豆腐、こんにゃく、大根、里芋、卵、昆布などを煮込んだ料理で、具の種類や味付けは地域によって違います。温かいおでんは日本でも冬にピッタリの料理です。最近ではコンビニエンスストアでも販売していて好きな具を選んで注文します。韓国では어묵を오뎅と言うこともありますが、日本では어묵の形や材料によってそれぞれに名前がついています。例えば、「ちくわ」「はんぺん」「つみれ」「さつまあげ」などがあります。

치쿠와 : 명태, 상어, 임연수어 등의 생선살을 조미・반죽한 것을 둥글고 가는 대 혹은 철제봉에 감듯이 입혀 굽거나 찐 어묵. (좌)

한펜 : 명태, 상어 등의 생선살을 갈아, 으깬 참마를 섞어 조미・가공한 하얀색 어묵 (우)

쓰미레 : 주로 정어리, 전갱이 등의 생선살을 갈아 조미・가공하여 삶거나 찐 어묵으로 일반적으로 회색을 띰. (좌)

사쓰마아게 : 생선살 등을 으깨어 조미 후 기름에 튀긴 것으로 한국인이 생각하는 오뎅에 가장 가까움. 여러가지 야채가 들어가는 것이 특징이며, 종류가 다양함. (우)

07 뭐야~, 이건 '라면'이 아니잖아?

 라면 돼요?
 네, 됩니다.

라면 나왔습니다.
맛있게 드세요.
 이게 아니잖아~

Explain

일본인들은 라면을 매우 좋아합니다. 따라서 일본에는 라면 가게가 수를 셀 수 없을 정도로 많습니다. 일본인들에게 '라면'과 '인스턴트 라면'은 서로 격이 다른 별개의 음식입니다. '인스턴트 라면'은 집에서 간편하게 먹을 수 있는 음식이지만 '라면'은 일반적으로 외식을 통해 맛볼 수 있는 특별한 음식입니다. 식당이나 지역에 따라 맛과 면의 특징이 다르며, 일본인들은 그 차이를 음미하며 라면을 먹습니다. 마음에 드는 라면 가게가 있으면 줄을 서서라도 찾을 정도입니다. 그러므로 식당에서 인스턴트 라면이 나오는 것은 상상조차 할 수 없는 일인 것입니다.

日本人はラーメンが大好きです。日本にはラーメン屋が数えきれないほどあります。日本人にとって「ラーメン」と「インスタントラーメン」は全く別の食べ物です。「インスタントラーメン」は家で簡単に食べるラーメン、「ラーメン」は外で味わう特別なラーメンです。「ラーメン」は店や地域によっても味や麺に特徴があり、日本人はそれを楽しみながら食べます。気に入った店があれば列に並んでまででも食べるほどなのです。ですから、食堂で「ラーメン」を注文したら、インスタントラーメンが出てくるなんて考えもしないことなのです。

08 일본은 '각자 부담'이 원칙

타카시 군, 우리 집에 갈 때
뭐 먹으러 안 갈래?
(내가 타카시 군한테 늘 신세를
지고 있으니까 오늘은 한 턱 내야지)

그래, 그러자.

아~, 맛있게 먹었다.
자, 여기 내가 먹은
케이크 값 380엔.

뭐야~
(오늘은 내가 낼 생각이었는데…)

우리 돌아가는 길에
뭐 먹고 안 갈래?

응, 그래.
(아싸~ 오늘은 유카가 사 주는구나)

아, 잘 먹었다~
소라야, 네가 먹은 케이크 값,
420엔 줄래? 내가 합쳐서
같이 내줄게.

뭐?
(네가 한턱내는 거 아니었어?)

Explain

한국에서는 여러 사람이 함께 식사를 한 후에 식사를 청한 사람이나 손윗사람이 식비를 지불하는 일이 많습니다. 하지만 일본에서는 '각자 부담'하는 것이 일반적입니다. 식사 후에 계산대에서 각자 계산해달라고 하거나 그것이 어려운 경우에는 누군가 대표로 각자가 먹은 식비를 걷어서 한 번에 지불하기도 합니다. 또는 연회나 단체로 식사를 한 경우에는 회비를 균등하게 걷기도 합니다. 일본인들은 서로 부담을 주지 않도록 배려하고 될 수 있으면 그 자리에서 정산하려고 하는 경향이 있습니다.

韓国では、いっしょに食事をしたあと、食事に誘った人や年上の人が全体の食事代を払うことが多いですね。しかし日本では「割り勘」が一般的です。食事のあと、レジにいって別々に清算してもらったり、それが難しいときは誰かがそれぞれが食べた食事代を集めてから、まとめて払ったりします。また、パーティーや団体での食事の時は、会費を均等に集めたりします。日本では、お互いに負担をかけないように配慮して、できる限りその場で清算しようとする文化があるのです。

'동물의 울음소리'가 그렇게 다른가?

 그때 돼지가 울었습니다.
꿀 꿀 꿀

 그때 돼지가 울었습니다.
부-부-부-

 유타야, 돼지가 어떻게 울지?
 유타야, 돼지가 어떻게 울지?

동물의 울음소리는 언어권에 따라 다릅니다. 예를 들면 소 (한국어 '음메', 일본어 '모-모-'), 개 (한국어 '멍멍', 일본어 '왕왕'), 쥐 (한국어 '찍찍', 일본어 '추-추-'), 닭 (한국어 '꼬끼오', 일본어 '고케곳코-') 등의 울음소리가 서로 다릅니다. 또한 동물 이외에도 시계 소리 (한국어 '똑딱똑딱', 일본어 '가치가치, 치쿠타쿠', 문을 노크하는 소리 (한국어 '똑똑', 일본어 '돈돈') 등도 서로 다릅니다.

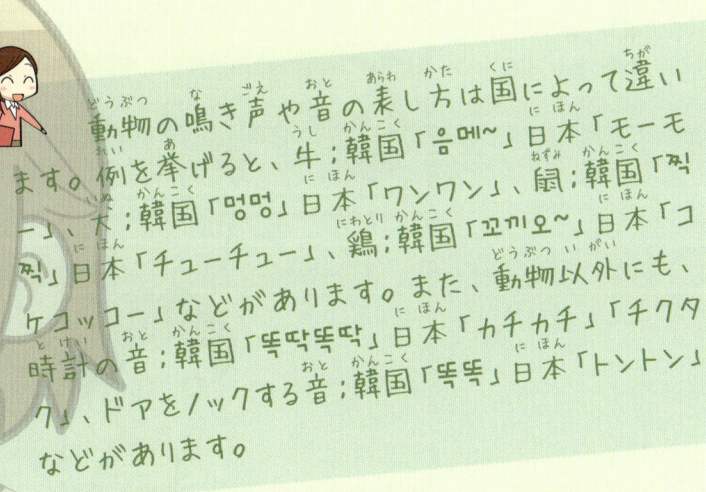

10 편리하게 사용되는 '도모'

 어머, 다나카 씨, 도모(안녕하세요).

어머, 사토 씨, 도모(안녕하세요).

 다나카 씨, 괜찮으시면 이거 드세요.

어머, 늘 도모(감사해요).

 어머, 도모, 도모.
(죄송해요, 죄송해요)

아니에요, 아니에요.

(대체 뭐라고 하는 거야?)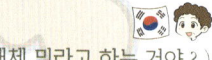

일본어의 「どうも(도모)」는 매우 편리한 말입니다. '도모'는 '곤니치와'를 대신하는 말이기도 하고, '아리가토(감사합니다)'나 '스미마센(죄송합니다)'을 대신하는 말이기도 합니다. 이것은 원래 「どうも、こんにちは(도모 곤니치와)」, 「どうも、ありがとうございます(도모 아리가토고자이마스)」, 「どうも、すみません(도모 스미마센)」을 줄여서 말한 것으로 분명 의미를 갖춘 말입니다. 일본인은 이 '도모'를 대화중에 잘 구분하여 사용하고 있습니다.

日本語の「どうも」は便利な言葉です。「こんにちは」の代わりに「どうも」、「ありがとう」の代わりに「どうも」、「すみません」の代わりに「どうも」を使うことができます。これは、「どうも、こんにちは」「どうも、ありがとうございます」「どうも、すみません」を短く言った言葉で、ちゃんと意味のある言葉です。日本人はいろいろな意味の「どうも」を会話の中でうまく使い分けているのです。

11 '데지카메'가 뭘까?

얘, 소라야,
데지카메 있어?

데지카메?

엥? 뭐라는 거야?
어떤 거북이(카메)를 말하는 거지?

유카, 데지카메가
어떤 거북이야?

데지카메는 동물이 아니야~

Explain

한국에서 '디카'로 줄여 말하는 것과 마찬가지로 '데지카메'는 디지털카메라의 줄임말입니다. 일본에서도 줄임말이 여기저기 뒤섞여서 나옵니다. 그 밖에도 파미레스(패밀리 레스토랑), 샤펜(샤프펜슬), 케이타이(케이타이덴와:휴대폰), 스마호(스마트폰) 등이 있습니다. 또한 가게나 연예인의 이름을 축약하는 것도 한국어에서 나타나는 것과 유사한 현상입니다. 그 예로 막쿠(맥도널드), 스타바(스타벅스), 기무타쿠(기무라 타쿠야) 등을 들 수 있습니다.

韓国で"ディカ"と短く言うのと同様に、デジカメはデジタルカメラの縮約語です。日本でもいろいろな縮約語があちらこちらに飛び交っています。他にもファミレス(ファミリーレストラン)、シャーペン(シャープペンシル)、ケータイ(携帯電話)、スマホ(スマートフォン)などがあります。また、店や芸能人の名前を縮約するのも韓国と似ている現象です。例;マック(マクドナルド)、スタバ(スターバックス)、キムタク(木村拓也)

12 형제도 아닌데 '형'이라니…

 우와~ 그 모자 못 보던 건데 멋있다~

 이거? 괜찮지?
형한테 얻은 거야.

오해의공식
お兄さん=친형(오빠)

 응?
(아니? 건이한테 형이 있었나?)

 우와~ 그 손목시계
못 보던 건데. 괜찮다~

오해의공식
お姉さん=친누나(언니)

 아~ 이거~,
내가 무척 좋아하는 건데
누나가 사 줬어.

 아니, 너 동생밖에 없잖아?

Explain

한국에서는 가족이 아니더라도 친하게 지내는 연상의 지인에게 형, 오빠, 누나, 언니라는 호칭을 사용하며, 친하게 지내는 연하의 지인에게도 남동생, 여동생이라고 표현합니다. 하지만 일본에서는 이와 같은 호칭은 기본적으로 가족에게 사용하는 말입니다. 직계 가족 이외의 지인에 대해 말할 때는 '이웃 오빠' 혹은 '사촌누나'와 같이 반드시 구체적으로 나타냅니다. 또한 상대를 직접 부를 때에도 손윗사람이라면 'ㅇㅇ 씨' 혹은 'ㅇㅇ 선배'라고 하며, 동년배나 연하인 경우에는 애칭이나 'ㅇㅇ 씨' 'ㅇㅇ 군'과 같이 이름을 부르는 것이 일반적입니다.

韓国では、家族以外の親しい年上の知り合いにも형、오빠、누나、언니を使い、親しい年下の知り合いにも동생(남동생, 여동생)を使います。でも日本では「兄」「姉」「弟」「妹」は基本的に家族について表す言葉です。家族以外の知り合いについて話すときは、「近所のお兄さん」「いとこのお姉さん」のように具体的に説明します。また、直接呼び掛けるときは、年上なら「○○さん」「○○先輩」、同年や年下ならニックネームや「○○さん」「○○君」と名前で呼ぶのが一般的です。

13 '아파트' 10층에 살고 있어요???

 얘, 소라야, 한국 사람들은 어떤 집에 사니?

 아파트에 사는 사람이 많아.

 난 아파트 10층에 살았었어.

뭐?!

이것은 일본인과 한국인이 생각하는 '아파트'에 대한 관념이 다른 데에서 비롯된 이야기입니다. 일본에서는 '만숀(맨션)'이 한국의 아파트에 해당하며, 이것은 '아파트'와는 별개의 것으로 취급하고 있습니다. 일반적으로 '아파트'의 개념은 2층 혹은 3층 건물로 전체 가구 수가 10채, 많은 곳이라고 하더라도 40채 정도에 불과합니다. '만숀'은 한국의 아파트와 유사한 건물이지만 지진이 빈번한 일본에서는 한국과 같은 고층 아파트가 그다지 많지 않습니다.

これは、日本人と韓国人の「アパート」に対するイメージの違いです。韓国のアパート(아파트)に該当する建物は日本では「マンション」といい、「アパート」とは区別されています。一般的な日本の「アパート」のイメージは、2階及び3階建てで、戸数も全10戸、多い所でも40戸程度です。「マンション」は韓国のアパートと似た建物ですが、地震大国である日本では、高層マンションは韓国ほど多くありません。

14 '이이데스'라고 말했는데?

 아, 덥네요~
창문 좀 열어도 될까요?

 아, 이이데스요(좋습니다).

아, 이이데스(됐습니다).

오해의 공식
いい=좋다

네.

Explain

「い」い(이이)」는 '좋다'라는 뜻을 가진 형용사로 '이이데스', '이이데스요'를 사용하여 승낙, 허가의 의미를 나타냅니다. 한편 이것은 '겟코데스(괜찮습니다/됐습니다)', '필요 없습니다'라는 거절의 의미로도 자주 사용되므로 표정이나 몸짓, 손짓 등으로 상대가 거절하고 있는 것인지를 판단할 필요가 있습니다. 만약 판단에 자신이 없다면 상대방에게 의사를 다시 한 번 확인해 보는 것이 좋습니다.

「いい」は「좋다」という意味の形容詞で、「いいです。」「いいですよ。」と言って承諾、許可の意味を表します。でも一方で「必要ありません。」という断わりの意味でもよく使われるのです。「結構です。」も同じように断りの意味を表す言葉です。表情や、ジェスチャーなどから、断っているのかどうか判断する必要がありますが、自信がなかったら、もう一度確かめてみるのがいいかもしれませんね。

15 부모님은 밥을 '먹다?', '드시다?'

여보세요, 응, 소라 집에 있어.
엥? 슈크림? 아싸~
뭐? 먹었다고? 다 먹지마.
내 거 남겨놔. 응, 알았어.

친구니?

아니, 아빠.

뭐? 아버지였어?

우리 아빠는 슈크림을
제일 좋아하는데
나도 좋아하니까
자주 사 오거든.

우리 아버지는
슈크림은 안 드시는데…
단 것을 전혀 안 드시거든.

아~, 그렇구나~
(자기 아빠한테 왜 높임말을
쓰는 걸까?)

일본어의 경어는 '우치(안)'과 '소토(밖)'의 관계를 구별하여 사용합니다. '우치'란 자기가 속한 집단을 의미하는데 그 대표적인 것이 가족입니다. '소토'란 그 집단의 외부를 나타내는 것으로 일본의 경어는 '소토'에 속한 사람을 높여 주는 것이 원칙입니다. 따라서 외부 사람과의 대화에서 자신의 가족에 대해 존대를 하거나 높임말을 사용하는 것은 부적절하게 취급합니다. 외부 사람에게는 「私のお父さん(와타시노 오토상)」, 「うちのお母さん(우치노 오카상)」이라고 하지 않고 「私の父(와타시노 치치)」, 「うちの母(우치노 하하)」라고 하면 됩니다. 일본의 가정에서도 예전에는 경어를 사용했지만 요즘에는 거의 사용하지 않습니다. 친한 사람에게 경어를 사용하면 관계가 서먹해지거나 소원해진 듯한 느낌이 듭니다.

日本語の敬語は「うち」と「そと」の関係を区別して使われます。「うち」とは、自分が属するグループを意味し、その代表的なものが「家族」です。「そと」はそのグループの外部を意味します。そして、日本の敬語は「そと」の人の位置を高めるのが原則です。ですから、外部の人との対話では、自分の家族に尊称をつけたり、敬語を使ったりするのは不自然なのです。外部の人には「私のお父さん」「うちのお母さん」といわずに「私の父」「うちの母」と言いましょう。日本の家庭でも昔は敬語を使っていましたが、だんだん使われなくなって、最近ではほとんど使いません。親しい人に敬語を使うと、よそよそしい感じがしたり、関係が遠くなった感じがするのです。

16 '두루마리 휴지'가 식탁에 있다니!?

 우와~ 피자 맛있다.

 앗, 유카, 소스 묻었어.

 화장지 있니?

응, 그럼 있지. 휴지, 휴지.

 자, 여기.

 아, 고마워.

두루마리 휴지는 일본에서 '토이렛토페파'라고 해서 이름 그대로 화장실에서 사용하는 휴지라는 관념이 강합니다. 그래서 식탁에 두루마리 휴지가 놓여 있거나 식당의 휴지걸이에 걸려 있는 두루마리 휴지를 보고 충격을 받는 일본인들이 많다고 합니다. 일본 사람이「ティッシュをください(티슈 주세요)」라고 했을 때 티슈나 휴대용 티슈를 챙겨준다면 센스 만점이겠지요.

日本では두루마리 휴지は「トイレットペーパー」といって、その名前の通りトイレで使うものというイメージがあります。そのため食卓に두루마리 휴지が置かれていたり、食堂のロールケースに入っている두루마리 휴지を見て驚く日本人も多いようです。日本人に「ティッシュをください」といわれたら、箱入りティッシュやポケットティッシュを準備してあげたほうがいいかもしれませんね。

17 '난데모 이이(뭐든 좋아)'란 거짓인가?

뭐 먹을래?

에, 난데모 이이요(뭐든 괜찮아).
(매운 건 잘 못 먹지만 신경쓰게
하고 싶지 않으니까)

(그래? 뭐든 괜찮구나.)
그럼 짬뽕 먹어 볼래?
맛있는 곳이 있는데…

그래 그럼 그거 먹으러 가자.

어때?

엄청 자극적이네.

많이 매워?

아, 아니, 괘, 괜찮아.
한국에서만 맛볼 수 있는 음식인 것 같아~

이것은 일본인이 거짓말을 하고 있는 것이 아니라 상대를 먼저 배려하고자 하는 언어문화를 그대로 보여주는 일화입니다. 메뉴나 요리를 정할 때 '뭐든 좋아'라고 하는 것은 먹고 싶은 것이 없어서 그런 것이라기보다 자기의 주장을 내세우지 않고 상대가 준비하기 쉬운 것을 먹겠다는 배려를 나타내는 것입니다. "요리가 어떠냐?"는 질문에 대해서도 설령 입에 맞지 않더라고 '맛이 없다'는 말은 하지 않는데 이 또한 음식을 준비해 준 상대를 배려하는 마음에서 비롯된 것입니다.

日本人が嘘をついているわけではありません。「まず、相手に配慮する」という言語文化の表れの一つです。メニューや料理を選ぶときに「何でもいい」というのは、食べたいものがないわけではなく、自分が食べたいものを主張するよりも相手が準備しやすいものを食べたいという配慮の表れです。料理の感想を聞かれたときに、万が一、口に合わなくても「まずい」とは言わないのも、準備してくれた相手に対する配慮の表れなのです。

18 '어서 오세요'는 가게에서!

(아르바이트 때문에 좀 늦었네. 축제에 관한 회의, 벌써 시작했겠다.)
미안, 미안. 아르바이트가 좀 늦게 끝나서….

오해의 공식
어서 오세요
＝いらっしゃいませ

이랏샤이마세(어서 오세요).

내가 가게에
온 거 아니지…?

Explain

'어서 오세요'는 가게나 식당에서 손님을 맞이할 때 하는 인사입니다. 또한 외부 사람이 자신의 집을 방문했을 때에도 「いらっしゃい(이랏샤이)」라고 하며 맞이합니다. 하지만, 자기 가게나 집이 아닌 곳에서 사람을 맞이할 때에 사용하는 것은 부적절합니다. 위의 경우는 별도로 정해져 있는 인사가 없습니다. 때에 따라 「おはよう(오하요)」, 「こんにちは(곤니치와)」등의 인사를 하거나 회사에서는 「お疲れ様です(오쓰카레사마데스)」, 「どうも(도모)」등의 인사말을 간단히 주고받기도 합니다.

「いらっしゃいませ」は店や食堂などでお客様を迎えるときに使う言葉です。また、外部の人が自分の家を訪問したときにも「いらっしゃい」と言って迎えます。でも、自分の店や家ではないところで人を迎えるときに使うと不自然です。このような場合は特に決まったあいさつはありません。時に応じて「おはよう」「こんにちは」などの挨拶をしたり、会社などでは「お疲れ様です」「どうも」などの言葉を簡単に交わします。

19 '미루(보다)'

오해의 공식
시험을 보다 = 試験を見る

타카시 군, 시험 잘 봤어?

물론 '요쿠 미타요' (잘~ (살펴)봤지).

부럽당~ 난 너무 어려워서 망쳤는데.

나도 어려워서 완전 망쳤어.

뭐? 너 아까  '요쿠 미타(잘 봤다)'며?

그러니까 몇 번이나 똑똑히 잘 봤지만 전혀 모르겠던걸!

엥? 대체 뭔 얘기야?

한국어에서는 '~을/를 보다'에 관한 관용 표현이 매우 많습니다. 하지만 대부분의 경우 일본어에서는 「~を見る」의 형태로 사용하지 않으므로 주의해야 합니다.

한국에서는 '보다'를 사용하지만 일본에서는 「見る」를 사용하지 않는 관용 표현		
집을 보다	×家を見る	○留守番する
시험을 보다	×試験を見る	○試験を受ける
시장을 보다	×市場を見る	○(生活用品を)買い物する
친구를 보다	×友達を見る	○友達に会う
볼일을 보다	×トイレを見る	○用を足す ○トイレに行く

「시험을 잘 보다」는 일본어에서는 「試験がよくできる」라고 합니다. 「試験をよく見る」라고 하면 '시험 문제를 잘 풀었다'는 의미가 아니라 '시험지나 시험문제를 주의 깊게 보았다'라고 하는 의미를 나타내게 됩니다. 따라서 '시험문제는 주의 깊게 잘 살펴 보았으나 시험 내용이 어려워서 모르겠더라'고 하는 얘기가 되는 것입니다. 「시험 잘 봤어?」라고 묻고 싶을 때에는 「試験どうだった？(시험 어땠어?)」라고 하는 편이 좋겠지요.

韓国語には「~을/를 보다」という慣用的な表現がたくさんあります。でもその中には、日本では「~を見る」の形では使わないものが多いので注意しましょう。「시험을 잘 보다」は、日本語では「試験がよくできる」といいます。「試験をよく見る」と言ってしまうと、試験の問題がよく解けるという意味ではなく、試験用紙や試験問題の状態を注意深く見るという意味になってしまいます。ですから、「試験はよく見た」けれど、試験の内容は難しくて分からないということもあり得るのです。「시험 잘 봤어?」と聞きたいときは「試験どうだった？(시험 어땠어?)」と言いましょう。

20 '차례'대로 내야하나?!

스즈키 씨, 오늘 점심은 뭘로 할까요?
수제비는 어떠세요?

이 수제비 맛있네요.

그렇죠? 이 집이 이 일대에서 맛있기로 소문난 집이에요.

어, 정연 씨, 각자 냅시다.

오늘은 내가 낼 테니까 다음에 사세요.

엉??
(또 얻어먹었네. 미안해라~.
언제 돈을 내야 할지 거 참 어렵네.)

Explain

한국에서는 회사 동료들과 함께 식사를 하면 대체로 그중 한 명이 밥값을 계산하는 경우가 많습니다. 제일 나이가 많은 사람이 내는 경우도 있지만 식사를 자주 함께하는 동료 사이인 경우에는 차례로 내는 습관도 있습니다. 예를 들면 '전에는 김 대리가 냈으니까 이번에는 내가 낸다'라고 하는 식입니다. 하지만 일본에서는 매일 먹는 점심인 경우 자기가 먹은 밥값만 계산하는 것이 일반적이므로 일본인들은 차례로 밥을 사는 한국인들의 습관을 이해하기 어려울지도 모릅니다.

会社の仲間たちと一緒に食事をすると、韓国ではだいたいその中の一人が勘定を済ますことが多いです。一番年長者が払う場合もありますが、頻繁に一緒に食べる仲間の間では、持ち回りで払う習慣もあります。「前回は김さんが払ったから今回は私が」といった具合いです。しかし日本では毎日の昼食などは自分が食べたものの料金だけを払うのが普通なので、この持ち回りでおごっていく習慣は日本人には分かりにくいかもしれません。

21 '기분이 안 좋다(気分が悪い)'고?

저것 좀 봐.
저기 원숭이가 있어.

귀엽다. 유카랑 닮았네.

오해의 공식
気分悪い = 기분 나쁘다
気持ち悪い = 기분 나쁘다

어?
(아까 원숭이랑 닮았다고
해서 기분 상했나?)

아아, 왠지
키분가와루쿠낫챳타.
(기분이 안 좋아졌다)

더 이상 못 참겠어.
키모치와루이!
차 좀 세워 주세요.

어, 어떡해~
원숭이랑 닮았다고 한 거 미안해.

한국에서는 '기분'이라는 말이 감정의 상태를 나타내는 말로 일본에서도 「気分(키분)」, 「気持ち(키모치)」가 동일한 의미로 사용됩니다. 하지만 일본어에서는 '키분'이나 '키모치'가 몸 상태를 나타내는 경우가 있습니다. 다소 몸이 안 좋은 상태에서는 '키분가 와루이'라고 하며, 당장이라도 토할 것 같은 상태인 경우에는 '키모치가 와루이'라고 표현합니다. 이와 같은 경우에는 몸 상태가 안 좋은 것을 나타내므로 바로 도와주어야 하는 상태입니다.

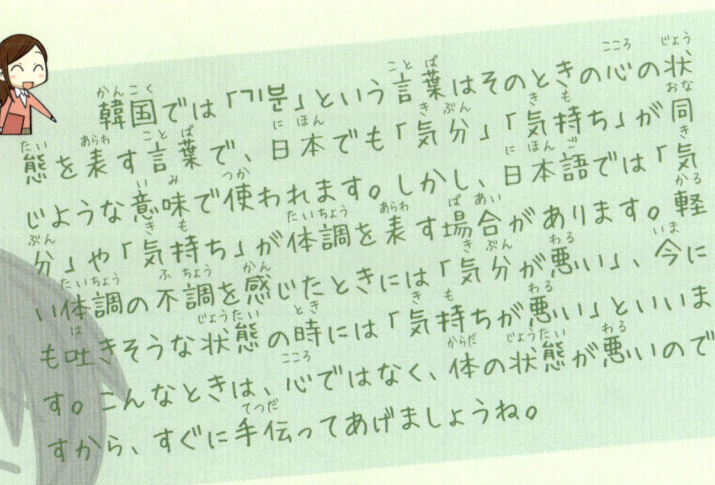

韓国では「기분」という言葉はそのときの心の状態を表す言葉で、日本でも「気分」「気持ち」が同じような意味で使われます。しかし、日本語では「気分」や「気持ち」が体調を表す場合があります。軽い体調の不調を感じたときには「気分が悪い」、今にも吐きそうな状態の時には「気持ちが悪い」といいます。こんなときは、心ではなく、体の状態が悪いのですから、すぐに手伝ってあげましょうね。

22 '콧푸(コップ)라멘'? '캇푸(カップ)라멘'?

점심은 한국 콧푸라멘 먹자.

어? 콧푸라멘이 뭐야?

네, 콧푸라멘이 다 됐습니다. 자.

뭐야~, 캇푸라멘(컵라면)이잖아.

일본에서는 '콧푸'와 '캇푸'를 구별하여 사용합니다. '콧푸'의 어원은 네덜란드어의 'kop'에서 찾아볼 수 있으며, 손잡이가 없는 용기를 뜻하는 말로 주로 찬 음료를 담는 데 사용합니다. 종이로 만든 '콧푸'는 '카미콧푸(종이컵)'라고 합니다. 한편 '캇푸'의 어원은 영어의 'cup'으로 윗부분으로 갈수록 잔 입구가 넓어지는 형태가 일반적으로 주로 따뜻한 음료를 담는 용기를 가리킵니다. 예를 들면, 「コーヒーカップ(커피잔)」, 「ティーカップ(찻잔)」, 「マグカップ(머그컵)」 등이 있습니다. 그래서 '컵라면'은 「コップラーメン(콧푸라멘)」이 아니고 「カップラーメン(캇푸라멘)」이라고 합니다.

日本ではコップとカップを区別して使います。コップの語源はオランダ語のkopで、取っ手のついていない飲み物用の容器のことを表し、主に冷たい飲み物を入れます。紙でできているコップは紙コップですね。一方、カップの語源は英語のcupで、上に向かって広がっている形が一般的で、主に暖かい飲み物を入れる容器のことをいいます。コーヒーカップ、ティーカップ、マグカップなどがあります。ですから、「컵라면」は「コップラーメン」ではなく「カップラーメン」というのです。

23 '쿠니(国)'가 어디를 가리키나?

 건이는 주말에 뭘 할 거니?

친구들과 영화 보려고 합니다.

 선생님은 주말에 뭘 하실 겁니까?

 오랜만에 쿠니(国)에 가려고 해.

国=나라, 국가

 어? 쿠니?
(우리 선생님도 외국분이셨구나….
금시초문이었네.)
선생님, 오쿠니(お国)가 어디세요?

 교토예요.

 ?
(어? 교토는 일본인데…)

Explain

「国(쿠니)」란 말은 한국이나 일본, 중국과 같이 국가를 가리키는 말입니다. 메이지시대초기까지 일본은 많은 지방으로 나뉘어져 있었는데 각각의 지방을 「国(쿠니)」라고 불렀습니다. 현재에도 '쿠니'는 출신지나 지방을 가리키는 말로 사용되고 있습니다. 「国に帰ります」란 「故郷に帰ります(고향에 돌아가요)」라고 하는 뜻인 것입니다. 예를 들어 「お国言葉(오쿠니코토바)」란 그 지역의 방언을 뜻하는 말로 「お国自慢(오쿠니지만)」은 그 지역의 특산품이나 명소를 나타냅니다. 이미 알려진 바 있는 川端康成(가와바타 야스나리)의 소설 「雪国(유키구니)」도 「雪の多い地方(눈이 많이 내리는 지방)」을 무대로 하여 묘사한 작품이라는 것을 알 수 있습니다.

「国」という言葉は「韓国」や「日本」や「中国」のような国家を指す言葉ですね。明治初期までの日本は、たくさんの地方に分かれており、その一つを「国」と呼んでいました。現在でも「国」は出身地や地方も意味します。「国に帰ります」とは「故郷に帰ります」という意味なのです。たとえば、「お国言葉」とは、その地方の方言のことをいい、「お国自慢」とは、その地方の名産品や名所のことをいいます。あの川端康成の小説「雪国」も「雪の多い地方」を舞台として描かれた作品というわけです。

24 '아나타(あなた)'라고 부르지 마

선생님한테 질문할 것 없나요?
뭐든 괜찮아요.

선생님, 당신(あなた)의
취미는 무엇입니까?

어~, 취미는 독서예요.
그 밖에 다른 질문은?

선생님, 당신(あなた)이
좋아하는 음식은 무엇입니까?

카, 카레예요.

선생님, 당신(あなた)은
몇 살입니까?

그, 그건 비밀이에요.

나(1인칭)는 일본어로「私(와타시)」라고 하며, 당신(2인칭)은 일본어로「あなた(아나타)」라고 합니다. 상대방에게 말을 걸 때 한국어에서도 실제로는 '당신'이라는 말을 그다지 사용하지 않지요? 이와 마찬가지로 일본어에서도 서로가 부부관계인 경우를 제외하면 상대방을 직접「あなた」로 부르는 일은 거의 없습니다. 이름이나 직위로 부르거나「あのー(저)」,「すみません(실례합니다)」등을 사용하여 상대방에게 말을 겁니다. 개인차이가 있긴 하지만 '아나타'라고 하면 무례하다고 느끼는 사람이 많습니다. 특히 손윗사람에게 '아나타'를 사용하는 것은 매우 실례이므로 주의하세요.

나(一人称)は日本語で「私」、そして、당신(二人称)は日本語で「あなた」ですね。韓国語でも、相手に対して直接呼び掛けるとき、実際には「당신」を使うことはあまりありませんね。同じように日本語でも相手に向かって直接「あなた」と呼び掛けることはほとんどありません。名前や役職で呼び掛けたり、「あのー」「すみません」などの別の言葉で呼び掛けます。個人差もありますが、「あなた」と呼び掛けられると失礼だと感じる人が多いからです。特に年上の人に「あなた」と呼び掛けることはとても失礼になるので注意しましょう。

25 '난넨세(何年生)'란?

 소라는 난넨세(몇 학년)예요?

난넨세???
(몇년생을 말하는 건가?)

오해의 공식
何年生=몇년생

난·넨·세
(몇·학·년)입니까?

 아~!

 1995넨세(년생)예요.

Explain

「何^{なん}年生^{ねんせい}(난넨세)」는 그 말대로 한국어로 생각하면 '몇년생'입니다. 하지만 일본에서는 학년을 묻는 말입니다. 「学年^{がくねん}(가쿠넨)」이라는 말도 있지만 숫자에 '넨세'를 붙여서 1年生^{ねんせい}(이치넨세), 2年生^{ねんせい}(니넨세), 3年生^{ねんせい}(산넨세), 4年生^{ねんせい}(요넨세)라고 합니다. 고등학교 2학년은 「2年生^{ねんせい}」이지요. 출생년도를 물을 때에는 「何年生^{なんねんう}まれですか(난넨우마레데스카)」라고 하며, 이에 대해 「私^{わたし}は1995年^{ねんう}生まれです(와타시와센큐햐쿠큐주고넨우마레데스: 저는 1995년생입니다)」라고 대답합니다.

「何年生^{なんねんせい}」はそのまま韓国語^{かんこくご}にすると「몇년생」ですね。でも、日本^{にほん}では「学年^{がくねん}」を質問^{しつもん}する言葉^{ことば}です。「学年^{がくねん}」という言葉^{ことば}もありますが、数字^{すうじ}に「年生^{ねんせい}」をつけて、1年生^{ねんせい}、2年生^{ねんせい}、3年生^{ねんせい}、4年生^{ねんせい}と言^いいます。「고등학교 2학년」は「高校^{こうこう}2年生^{ねんせい}」です。生^うまれた年^{とし}を聞^ききたい時^{とき}は、「何年生^{なんねん}まれですか。」と質問^{しつもん}します。そして「私^{わたし}は1995年^{ねん}生まれです」と答^{こた}えます。

26 '캇테타베루(買って食べる)'란?

다카하시 씨, 오늘은 좀 바쁘니까 점심은 근처에서 간단하게 사 먹지 않을래요?

오해의공식
사먹다(외식하다)
= 買って食べる

아, 그럴까요?

뭘 먹을까요?
우동, 라면, 덮밥, …

글쎄요.
간단히 사서 먹을 것 같으면…

역시 여기뿐이지요.

앗?

바쁠 때는 이렇게 편의점에서 사와서 회사에서 먹는 것도 괜찮지요.

아, 네.

한국에서는 '외식을 한다'는 의미로 '사먹다'라고 하지요? 이 말을 그대로 일본어로 직역하면 「買って食べる(캇테타베루)」가 됩니다. 하지만 '캇테타베루'라고 하면 일본에서는 슈퍼마켓이나 편의점 혹은 도시락가게에서 먹을 것을 '사와서 (집 등지에서)먹다'를 의미합니다. 완전히 의미가 달라지지요? 일본의 슈퍼마켓이나 편의점에 가면 각양각색의 반찬이 즐비합니다. 사와서 먹는 반찬 문화는 맞벌이부부가 증가하는 현대 일본사회에 뿌리를 깊이 내리고 있습니다. 더욱이 '외식하다'는 「外食する(가이쇼쿠스루)」, 「外で食べる(소토데타베루)」라는 표현을 사용합니다.

韓国では外食するという意味で「사먹다」といいますね。この言葉をそのまま直訳すると「買って食べる」となります。でも、「買って食べる」と言うと、日本ではスーパーや、コンビニや、弁当屋などで食べ物を「買ってきて(家などで)食べる」という意味になります。ずいぶんイメージが違いますね。日本のスーパーやコンビニに行くと、多種多様のお総菜が並んでいます。「買ってきて食べる」お総菜の文化は共働きなどが増えた忙しい日本社会に浸透しています。ちなみに、외식하다は「外食する」「外で食べる」といいます。

27 '타누키 우동?', '키츠네 우동?'

어서 오세요~

뭘로 할까?
이 집은 타누키 우동하고
키츠네 우동이 맛있는데…

건이야, 타누키로 할래?
키츠네로 할래?

난 안 먹을래.

Explain

「きつね」는 한국어로 '여우', 「たぬき」는 한국어로 '너구리'이지요. 일본에서는 우동위에 달작하게 조린 유부를 고명으로 올린 것을 「きつねうどん(키츠네 우동)」이라고 합니다. 이것은 키츠네(여우)가 유부를 대단히 좋아한다고 하여 붙여진 이름입니다. 「たぬきうどん(타누키 우동)」은 튀김 속을 뺀 튀김부스러기를 우동 위에 얹은 것으로 「たねぬきうどん(타네누키우동: 튀김 속을 뺀 우동)」이란 말이 줄어 타누키 우동이 되었다고 전해집니다. 우동 외에도 국수로 '키츠네 소바'와 '타누키 소바'가 있습니다. 일본인들에게 있어 '키츠네'와 '타누키'는 우동이나 소바를 일컫는 대명사라고 할 수 있습니다.

「きつね」は韓国語では「여우」、たぬきは「너구리」ですね。日本ではうどんの上に、甘辛く煮た油揚げがのっているものを「きつねうどん」といいます。油揚げが狐の好物だということからこの名前がついたと言われています。「たぬきうどん」は種を抜いた天ぷら(天かす)がうどんの上にのっているもので、「たねぬきうどん」が訛って「たぬきうどん」になったと言われています。うどんの他にも「きつねそば」「たぬきそば」もあります。日本人にとって「きつね」「たぬき」は、うどんやそばの代名詞でもあるのです。

28 일본의 '카츠동(カツ丼)', 한국의 '엿'

타카시, 내일 드디어 시험이네.
시험 잘 볼 수 있도록 오늘은
카츠동을 만들었단다.

응, 고마워요, 엄마.

건아~, 꼭 합격하도록
최선을 다 해야 한다~

Explain

사랑하는 자식을 위해서라면 부모는 무슨 일이든 하는 법입니다. 그중 하나가 시험에 합격하기를 기원하는 일이겠지요. 일본에서는 시험에서 「勝つ(이긴다)」의 「勝つ」와 커틀릿(cutlet)의 「カツ」가 발음이 동일하므로 시험이나 시합 전에 행운을 비는 뜻에서 돈가스 덮밥이나 돈가스 요리를 먹습니다. 그 밖에도 가족들은 시험이 다가오면 수험생의 기분을 자극하지 않도록 하기 위해 「落ちる(오치루:떨어지다)」나 「滑る(스베루:미끄러지다)」와 같은 불길한 말을 삼가기도 합니다.

愛する子供のために親はいろいろなことをするものですね。その一つが試験合格祈願ではないでしょうか。日本は「試験に勝つ」の「勝つ」と「カツ」が同じ発音なので、試験や試合の前に験を担いでカツ丼や豚カツなどのカツ料理を食べます。この他にも試験が近づくと家族は受験生の気持を刺激しないように「落ちる」「滑る」など不吉な言葉は使わないようにしたりします。

29 '오야코동(親子丼)'이 뭘까?

난 오야코동으로 할래.
소라야, 넌 뭘로 할래 ?

(오야코(부모와 자식)동 ?)

그럼 난
토모다치(친구)동으로 할래.

뭐라고 ?
그런 게 어디 있어 !

Explain

일본 음식점의 기본 메뉴에 「親子丼(오야코동)」이라는 것이 있습니다. 親子(오야코)란 닭과 달걀의 관계를 일컫는 말로 밥 위에 달작하게 조린 닭고기와 양파를 달걀로 덮어서 내는 요리입니다. 아쉽게도 「友達丼(토모다치동)」이란 것은 없지만 닭고기 대신 소고기나 돼지고기로 만든 「他人丼(타닌동)」이란 메뉴가 있습니다. 이것은 달걀과 부모관계가 아닌 타인이라는 점에서 붙여진 이름입니다.

日本の食堂の定番メニューに「親子丼」があります。「親子」とは鶏と卵の関係を表しており、ごはんの上に甘辛く煮込んだ鶏肉と玉ねぎを卵でとじたものがのっているメニューです。残念ながら「友達丼」というメニューはありません。でも、鶏肉の代わりに牛肉や豚肉を使った「他人丼」というメニューがあります。卵との親子関係がなく他人なのでこの名前がついたのです。

30 '남성어'와 '여성어'

그럼, 여러분.
자기소개를 해 주세요.

나(오레)는 이윤아다.
잘 부탁한다.

내(아타시) 이름은~
이현철이야. 잘 부탁해.

헉! 대체 어디서 일본어를 배운 걸까?

66 한국인의 잘못된 일본어 공식

Explain

일본어에는 남성어와 여성어가 있습니다. 그렇다고 해서 단어를 달리 사용하는 일은 없지만 1인칭이나 문장의 종결부에서 남성다운 표현을 사용하거나 여성스러운 표현으로 바꿀 수 있습니다. 특히 1인칭인 '오레'는 남성을 나타내므로 보통 여성은 사용하지 않습니다. 일본에서는 남성어를 여성이 사용하거나 여성어를 남성이 사용하면 매우 어색하게 들립니다. 또한 문장 끝에 「な、ぞ、ぜ」등은 주로 남성이 사용하고 「わ、よ」는 주로 여성이 사용하는 것과 같은 특징이 있습니다.

의미	남성어	여성어
나	僕、俺	あたし
밥	めし	ごはん (남녀공통)
먹다	食う	食べる (남녀공통)
맛있다	うまい (うめえ)	おいしい (남녀공통)
어머		まあ、あら
감탄(문말)	～ぞ (남녀공통) ～ぜ	～わ、～わよ、～わね
의문(혼잣말)	～かな (남녀공통)	～かしら

日本語には、男性言葉と女性言葉があります。男性、女性で単語そのものが変わることはありませんが、一人称や文末表現で男性らしい言葉になったり、女性らしい言葉になったりします。特に一人称の「おれ」は男性が使う言葉で、普通女性は使いません。日本では男性言葉を女性が使ったり、女性言葉を男性が使ったりすると、とても不自然な感じになります。また文末表現では「～な、～ぞ、～ぜ」などは主に男性、「～わ、～よ」などは主に女性が使用するという特徴があります。

31. 일본인의 입버릇인가?

1. 야, 건이 씨,
   건강하죠(겐키데스카)?

2. 그래요.
   그럼 잘 지내요(간밧테쿠다사이).

네, 건강합니다(겐키데스).

야, 건이 씨, 공부
잘 하고 있죠(간밧테마스카)?

네, 덕분에~

어, 건이 씨, 오랜만이네.
일본어 화이팅입니다(간바레요)~

아, 아~

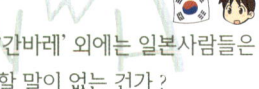
'간바레' 외에는 일본사람들은
할 말이 없는 건가?

Explain

「がんばってください(간밧테쿠다사이)」, 「がんばってね(간밧테네)」, 「がんばれ〜(간바레)」는 일본인들이 즐겨 쓰는 가벼운 인사말입니다. 원래 '간바루'는 '마지막까지 최선을 다하여 노력한다(「例解新日本語辞典」 출전)'라고 하는 의미이지만 상대방에게 실제로 그것을 요구하기보다 상대방을 가볍게 격려하는 뜻에서 사용하는 일이 많습니다.

「がんばってください」「がんばってね」「がんばれ〜」は、日本人が好んで使う軽い挨拶言葉でもあります。元々「頑張る」は「最後まで一生懸命努力する。(「例解新日本語辞典」より)」という意味ですが、相手に真剣にそうしろと言っているのではなく、軽く相手を励ます意味で使っていることが多いようです。

32 쉽게 알려주지 않는다!

타카시 군, 혹시 코지 전화번호 알아?

응, 알지.

그럼, 좀 가르쳐 줄래?

응? 왜? 건이야, 너 코지하고 친구 사이야?

아니, 연락 좀 하고 싶은데….

그럼 코지한테 알려 줘도 되는지 물어보고 괜찮다고 하면 가르쳐줄게.

뭐?
(왜 안 가르쳐 주는 거야~)

일본인은 자기를 포함하여 지인의 개인정보를 타인에게 쉽게 가르쳐 주지 않습니다. 물론 사업 관계인 경우에는 별개이지만 일반적으로는 그 사람과 자기 친구가 서로 아는 사이가 아닌 경우에는 전화번호나 주소 등을 가르쳐 주는 경우가 드뭅니다. 가르쳐 줄 때에는 당사자에게 확인한 후 '가르쳐 줘도 괜찮다'는 허락을 받고나서 알려 주는 것이 보통입니다. 그러므로 개인정보를 취급하는 데 있어서 특히 주의를 기울여야 합니다.

日本人は、自分を含めて知人の個人情報を簡単に人に教えません。もちろんビジネスの場では別ですが、一般的にその人と自分の友達がとても親しい間柄であることをはっきりと把握していない限り、他人の電話番号や住所などを別の人に教えることは少ないです。教える時は本人に確認をとり「教えてもいい」という許可をとってから教えるのが普通です。個人情報の扱いには要注意ですね。

33 '62년생'은 몇 살일까?

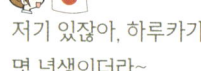
저기 있잖아, 하루카가 몇 년생이더라~

나?
나는 62년생이야.

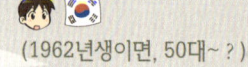
(1962년생이면, 50대~?)

(헉, 어떻게 봐도 20대인데~)

Explain

한국은 연호를 서기로 따지지만 일본에서는 일본 특유의 연호가 있습니다. 현재의 연호는 '헤이세이'로 2014년이 '헤이세이 26년'에 해당합니다. 이것은 천황의 재위 기간과 일치하며, 현재의 천황이 재위한 해로부터 26년째라는 의미입니다. 일본인끼리의 대화에서 '올해가 몇 년인지, 몇 년생인지'에 관한 얘기가 나오면 일본의 연호로 대답하는 것이 일반적입니다. 아울러 '헤이세이' 이전의 연호는 '쇼와'였으며, 쇼와 시대는 쇼와64년(1926~1989)을 끝으로 막을 내렸습니다. 결국 위 대화에서 62년생은 쇼와 62년생이라는 의미로 서기로는 1987년생입니다.

韓国は年号を西暦で数えますが、日本国内では日本特有の年号を使っています。現在の年号は「平成」で2014年は「平成26年」です。これは天皇の在位期間と合致し、現在の天皇が即位した年から26年目ということになります。日本人同士の会話の中で、今年何年か、何年生まれかという話題が出れば、日本の年号で答えるのが一般的です。ちなみに「平成」の前の年号は「昭和」で昭和64年まででした。つまりこの会話の中の「62年生まれ」は、「昭和62年生まれ」という意味で西暦では「1987年生まれ」ということになります。

34 왜 이렇게 비싸지?

고기 찐빵
100엔

실례합니다. 고기 찐빵 주세요.

예, 108엔입니다.

넷? (왜 더 비싸진 거지?)

Explain

고기 찐빵이 비싼 것은, 소비세 때문입니다. 일본에서는 물건을 사면 그 물건의 가격에다 소비세 8퍼센트를 더하여 지불하는 경우가 많습니다(2014년 현재). 가게 앞에 세일 1,980엔이라고 적혀 있으면 실제로 돈을 지불할 때는 2,138엔을 내야 합니다. 이러한 이유에서 일본사람들에게 동전 지갑이 필수품이 되었습니다.

肉まんが高くなったのは、消費税のせいです。日本では物を買うとその物の値段に消費税8パーセントをプラスして払う場合が多いです(2014年現在)。店の前に「セール1980円」と書いてあれば、実際にお金を払う時は2138円になります。日本人にとって小銭入れは必需品なのです。

35 '젓가락' 문화의 금기 사항

소라야, 이것 참 맛있구나.
먹어 보렴.

와, 맛있겠다~

그건 좀…

Explain

일본은 음식을 먹을 때 기본적으로 '젓가락'만 사용하므로 젓가락 사용 방법에 관한 예의범절에 여러 가지가 있습니다. 예를 들어 「迷い箸 (마요이바시: 젓가락을 든 채로 음식을 집적거리는 것)」나 「指し箸 (사시바시: 젓가락으로 사람이나 물건을 가리키는 것)」, 「寄せ箸 (요세바시: 젓가락으로 반찬 접시를 자기 쪽으로 끌어 당기는 것)」 등을 해서는 안 됩니다. 그 중에서도, 음식을 젓가락과 젓가락으로 받아 먹는 「箸渡し (하시와타시)」는 일본사람들이 특히 싫어하는 행위입니다. 이것은 유골을 집어 낼 때의 행위와 같기 때문이므로 각별히 주의해야 합니다.

日本は食べ物を基本的に「箸」だけで食べるため、その使い方のマナーにはいろいろなものがあります。例えば「迷い箸(箸を持ったまま食べ物の上で箸をうろうろさせること)」や「指し箸(箸で人や物を指すこと)」「寄せ箸(箸でおかずの皿を自分の方に引き寄せること)」などはしてはいけません。中でも、食べ物を箸と箸で受け渡しする「箸渡し」は日本人には特に嫌われる行為です。その理由は、遺骨を拾って骨壷に納める行為と同じだからです。注意が必要ですね。

36 차는 '오른쪽?', '왼쪽?'

핸들이 없잖아!!

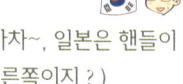
(아차~, 일본은 핸들이 오른쪽이지?)

일본과 한국은 도로의 차선이 반대입니다. 일본에서는 '차는 좌측통행, 사람은 우측통행'이므로 주의가 필요합니다. 동시에 일본은 핸들도 오른 쪽입니다. '운전하려고 차를 탔다가 핸들이 없다'라고 하는 상황이 벌어질 지도 모릅니다. 또한 일본은 보행자 전용도로나 자전거 전용도로가 정비되어 있으므로 한국보다 자전거를 이용하는 사람이 대단히 많습니다. 이것은 택시나 버스 요금이 비싸기 때문이기도 합니다.

日本と韓国は車の車線が反対です。日本は「車は左通行、人は右通行」なので、注意が必要です。同時に自動車のハンドルも日本は右側にあります。運転しようとして乗り込んだら「ハンドルがない。」なんてことが起きるかもしれません。また、日本は歩行者専用道路や自転車専用道路が整っているため、韓国よりも自転車の利用者がとても多いです。タクシーやバスの料金が高いというのも一つの理由としてあげられます。

37 조용히!

너, 어제 그 이후에 어떻게 된 거야. 걔랑 잘 된 거야?

아~, 지금 버스안이야. 아~ 참, 걔한테 돈 100만원 빌려줬더니 감감무소식인거야~

거 참 시끄럽네~ 조용히 좀 하지~

Explain

한국에서는 버스나 전차 안에서 큰 목소리로 사적인 이야기를 하거나 업무 이야기를 하는 광경을 자주 보게 됩니다. 하지만 일본에서는 그러한 광경을 거의 볼 수 없습니다. 일본인들은 버스 안에서 뿐만 아니라 조용한 공공장소에서 목소리를 높이거나 사적인 이야기를 남에게 큰 소리로 말하지 않기 때문입니다. 이것은 사적인 이야기를 타인에게 들리지 않게 하고 싶은 심정이기도 하지만, 남에게 피해를 주지 않으려는 배려가 있기 때문입니다. 일본의 버스나 전차 안에서 목청을 높여 이야기한다면 주위에서 곱지 않은 시선으로 쳐다볼 지도 모릅니다.

韓国ではバスや電車の中で大きな声で私的な話をしたり、商談したりする光景がよく見られます。しかし日本ではそのような光景はあまり見られません。バスの中に限ったことではなく、公共の静かな場所では、日本人は大きな声を出したり、私的な話を他人に聞こえるようにしたりしないからです。これは私的な話を他人に聞かれたくないという気持ちもありますが、他人に迷惑をかけないようにしようという配慮があるからです。日本のバスや電車の中で大声で話したりしたら、かなり目立つかもしれません。

81

38 식사하셨습니까?

어, 건이야, 안녕?
외출하니?

어, 아주머니, 안녕하세요?
식사하셨어요?

(어? 아직 식사 전인데
어떻게 알았을까?
그런 것까지 신경 쓰다니,
고것 참 기특하네~)

응~, 난 이제 먹을 거야~
근처에 계신 분이 놀러 오셔서
이야기가 길어졌단다.
아, 건이야 이것 좀 보렴.
당근이 이렇게 크게 자랐단다~

어, 가 버렸네…

Explain

한국과 일본은 인사말이 다릅니다. 일본에서는 인사말로 '오늘 날씨 좋네요', '요즘 추워졌네요' 등과 같이 날씨 이야기를 하지만, 한국에서는 그 외에도 '식사하셨습니까'를 인사말로 사용하는 경우가 많습니다. 만화에서 건이는 별 의미를 두지 않고, 인사 정도로 가볍게 '식사하셨어요?'라고 말을 건넨 것이지만 타카시의 어머니는 특별히 자신을 염려해 주는 것으로 오해하여 오래 동안 설명을 하고 말았습니다. 이와 같이 일본인은 '식사하셨어요?'라는 말을 인사라고 생각하지 않고 식사를 권하거나 재촉하는 것으로 착각하는 일이 종종 있습니다. 혹은 말을 있는 그대로 받아들여 식사를 했는지, 안 했는지 골똘히 생각하여 대답하기도 합니다. 상대방이 오해를 하지 않도록 하면 좋겠지요.

韓国と日本では挨拶の言葉が違います。日本では挨拶として「今日はいい天気ですね。」「最近寒くなりましたね。」などのように天気の話をよくしますが、韓国ではその他にも「食事をしましたか。」をあいさつの言葉として使うことが多いです。つまり、ゴン君は深い意味はなく、挨拶程度に軽く聞いたのですが、佐藤さんは特別に自分を心配してくれているのだと誤解し、長々と説明してしまったのです。このように日本人は「食事をしましたか。」といわれると、それを挨拶とは考えず、食事の誘いや催促と勘違いしたり、食べたかどうかを真面目に答えたりしてしまうことがあります。誤解させないようにしたいものですね。

39 배달천국

사토 씨, 배고프지 않으십니까?

예, 그러고 보니 좀….

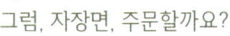
그럼, 자장면, 주문할까요?

넷?

한국은 대단해~

Explain

사토 씨가 놀란 것처럼 한국은 배달을 요청하면 기본적으로 어디에라도 갖고와줍니다. 하지만 일본은 일반적으로 야외로는 웬만해서는 배달해 주지 않을 뿐만 아니라 배달이 가능한 메뉴도 한국처럼 다양하지 않습니다. 일반적으로 배달은 피자, 초밥, 덮밥, 우동, 메밀국수, 중화요리 정도입니다. 배달장소, 즉 주소가 없는 장소라도 'ㅇㅇ공원의 미끄럼틀 있는 곳' 혹은 'ㅇㅇ강의 다리 밑'이라는 설명을 하면 와주는 데다 메뉴도 풍부한 한국은 실로 배달천국이라고 말할 수 있습니다.

佐藤さんが驚いたように、韓国では出前を頼めば基本的にどこへでも持って来てくれます。一方、日本では一般的に野外に気軽に配達してくれることはありません。また韓国ほどいろいろな出前のメニューはなく、一般的な出前は、ピザ、寿司、丼ぶり、うどん、そば、中華ぐらいです。配達してほしい場所なら、たとえ住所のない場所でも、「〇〇公園の滑り台のところ」とか「〇〇川の橋の下」という説明をすれば来てくれて、さらにメニューも豊富な韓国はまさに出前天国と言えるでしょう。

40 누구에게 말하나?

오래 기다리셨습니다~

이타다키마스.
(잘 먹겠습니다)

누구한테 말을 한 걸까??

Explain

일본인은 식사를 하기 전에 '이타다키마스(잘 먹겠습니다)'라고 하고 식사를 마쳤을 때는 '고치소사마데시타(잘 먹었습니다)'라고 말합니다. 음식을 준비해 준 사람에 대해 말하는 것인줄 알았는데 본인이 직접 만들어서 혼자 먹을 때에도 똑같은 인사말을 합니다. 왜 그럴까요? 그것은 '당신의 생명을 나에게 줘서 고맙습니다'라고 하는 생명체에 대해 감사하는 마음과 '이 쌀과 야채 그리고 요리를 해 준 데 대해 감사합니다'라고 하는 음식을 준비해 준 사람에 대해 감사하는 마음을 나타내는 것입니다. '이타다키마스'는 '이제 이 맛있는 음식을 잘 받겠습니다'라고 하는 의미이며, '고치소사마데시타' 는 '맛있는 음식을 받았습니다'라고 하는 의미입니다. 최근에는 이러한 의미를 모르고 무의식적으로 양손을 모으는 사람도 많지만 이것은 그만큼 일본인들이 습관적으로 하는 행동이기 때문입니다.

日本人は食事の前に、「いただきます」、食べ終わったら「ごちそうさまでした」と言います。料理を作ってくれた人に対して言っているのかと思いきや、一人で作って一人で食べるときもそのように言う人もいます。なぜでしょうか。それは「あなたの命をわたしにくれてありがとう。」という食材となった生き物への感謝の気持ちや、「この米や野菜そして料理を作ってくれてありがとう」という作ってくれた人への感謝の気持ちを表しているのです。「いただきます。」は「今からおいしいものをもらいます」、「ごちそうさまでした」は「おいしいものをもらいました」という意味です。最近は意味を深く考えずに、習慣的に手を合わせる人も多いですが、それだけ日本人の身についている行動だと言えるでしょう。

41 어떻게 먹나?

 많이 먹으렴.

 왠지 고독한 느낌이 나는 걸~

 많이 먹으렴.

 (어떻게 먹지….)

Explain

일본에서는 한국과 달리 전골이나 뚝배기 등 함께 먹을 수 있도록 준비된 음식에 자기가 입을 댄 숟가락을 넣어 음식을 떠먹는 습관이 없으므로 식탁에는 만화에서 제시된 것처럼 대개 한 사람 분량씩 접시에 덜어 놓고 자기 젓가락으로 자기의 음식만 먹는 것이 일반적입니다. 따라서 여럿이 함께 찌개를 먹을 때에는 별도로 국자나 젓가락을 준비하여 각자 자기 그릇에 덜어 먹습니다. 기본적으로 자기가 사용하던 젓가락으로 다른 사람의 음식에 손을 대지 않으므로 한국과 같은 식사 방법에 일본인들은 당황스러워할지도 모릅니다.

日本には、韓国のように、一つの鍋にそれぞれが自分が口をつけたスプーンを入れて食べる習慣はありません。日本の食卓は、漫画のように、一人分ずつ皿に盛られたものが置かれ、自分の箸で自分の分を食べるのが一般的です。そのため同じ鍋からみんなで食べる時には、共用のお玉や箸が添えられ、それで自分の皿に取ってから食べます。基本的に自分の使った箸で他の人が食べる料理には触れないので、韓国のような食事の方法に日本人は戸惑うかもしれません。

42 '정좌' 더 이상 못 참겠다

네~

사토 씨 집에서

준비됐어요~

건이야, 어디 불편하니?

일본에서도 최근에는 입식 식탁에 의자를 사용하는 가정이 많아졌지만 일본식 좌식 식탁에서는 보통 무릎을 꿇고 앉아서 식사를 합니다. 성인 남성은 양반다리를 해도 괜찮지만 여성이나 아이들은 보통 무릎을 꿇고 앉습니다. 외국 사람들에게는 이러한 일본의 좌식 문화가 상당히 곤혹스러울 것입니다. 익숙해지기까지 훈련이 필요할지도 모릅니다. 또한 한국에서는 식사할 때 여성이 한쪽 무릎을 올리고 앉는 습관이 있지만 이것은 일본에서는 실례가 되므로 주의해야 합니다.

日本も最近はテーブルに椅子という家庭が多くなりましたが、日本式の食卓では、普通正座をして食事をします。大人の男性はあぐらをかくことがありますが、女性や子供は普通正座をします。外国人にはこの座り方はかなり大変でしょう。慣れるまで訓練が必要かもしれません。また、韓国では食事の際、女性は立てひざをする習慣がありますが、日本ではそれはとても失礼になりますから注意しましょう。

43 1박2일에 100엔?

 이번에 친구가 놀러 오는데 어디 저렴한 호텔 없을까?

 1박 2일에 100엔? 바로 이거야!

 으이그~ 저건 CD대여점이야…

Explain

1박 2일에 100엔이라고 적혀 있어도 그것은 호텔 숙박비가 아닙니다. CD나 DVD 대여 기간과 요금을 표시한 것입니다. 일본에는 CD나 DVD대여점이 많고 이용객도 많은 편입니다. 대여점 앞에 대여료를 알리기 위해 현수막을 걸어 놓는데 1박 2일, 2박 3일, 5박 6일 등 대여 기간이 다양합니다.

1泊2日100円と書いてあっても、それはホテルの料金ではありません。CDやDVDのレンタル期間と料金を表示したものです。日本にはCDやDVDレンタルショップが多く、利用客も多いです。レンタルショップの店先にはレンタル料を知らせる旗が立っていて、1泊2日、2泊3日、5泊6日などレンタル期間も料金も多様です。

44 '도조, 도조'

1. 안녕하세요?
2. 실례합니다.

어머, 건이 어머니,
도조, 도조(어서 오세요).

차린 것은 없지만
도조, 도조(어서 드세요).

잘 먹겠습니다.

정원이 너무 멋있어요.
좀 구경해도 될까요?

예, 예,
도조, 도조(그러세요).

도조란 게 참
편리한 말이네~

일본사람들은 상대방에게 무엇인가를 권할 때 '도조'라는 말을 사용합니다. '도조' 뒤에는 '도조, 오하이리쿠다사이(어서 들어오세요)', '도조, 메시아갓테쿠다사이(어서 드세요)', '도조, 고란닛테쿠다사이(원하시는 대로 어서 보세요)' 등 여러 가지 형태로 사용됩니다만 일부러 길게 말하지 않고 「どうぞ」로 짧게 줄여 나타내는 것입니다.

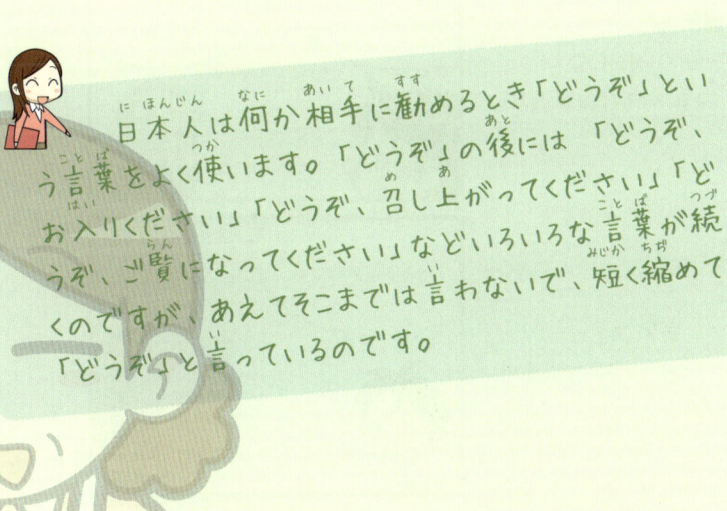

日本人は何か相手に勧めるとき「どうぞ」という言葉をよく使います。「どうぞ」の後には「どうぞ、お入りください」「どうぞ、召し上がってください」「どうぞ、ご覧になってください」などいろいろな言葉が続くのですが、あえてそこまでは言わないで、短く縮めて「どうぞ」と言っているのです。

45 '요쿠(잘)'란 말을 사용할 때 주의하기

야, 오랜만이다.
두 달만이지? 잘 지냈니?

응, 타카시 군은?
'요쿠' 스고시타('잘' 지냈어)?

('요쿠' 스고스?)
엉?

아버지, 어머니도
'요쿠' 이랏샤루(잘 계셔)?

어? 응. (왠지 듣기 거북한데…)
나, 이제 아르바이트 가는데 내일 봐.

응, '요쿠' 이케(잘 가).

(아주 듣기 거북하네…)

Explain

한국어의 '잘'을 일본어로 번역하면 「よく」가 됩니다. 하지만 「よく」에 비해 '잘'이 훨씬 사용 범위가 넓습니다. 따라서 한국어를 일본어로 직역하게 되면 부적절한 경우가 많으므로 주의해야 합니다. 또, 물건을 빌렸다가 돌려줄 때 등의 경우에 「よく見ました(잘 봤어요)」, 「よく使いました(잘 썼어요)」라고 하는 것도 부자연스럽습니다. 이와 같은 경우에는 「ありがとう」, 「助かったよ」 등으로 감사하는 마음을 표현합시다.

주의해야 할 표현		
글씨를 잘 쓰다	× 字をよく書く	○ 字が上手だ
잘 있어요	× よくいてください	○ お元気で
잘 가세요	× よく行って下さい	○ お気をつけて
잘 먹었어요	× よく食べました	○ ごちそうさまでした
잘 지냈어요?	× よく過ごしましたか	○ お元気でしたか
잘 됐네요	× よくなりましたね	○ よかったですね
잘 될거예요	× よくなりますよ	○ うまくいきますよ

잘の日本語訳は「よく」ですが、韓国語の잘のほうがずっと広い意味で使われているので、韓国語を日本語に直訳すると不自然な場合が多くあります。気をつけましょう。また、物を借りて返すときなどに「よく見ました。(잘 봤어요.)」「よく使いました。(잘 썼어요.)」などと言うのも不自然です。このような場合には「ありがとう」「助かったよ」などのお礼を言いましょう。

46 '연인'과 '애인'은 달라

 어라? 정연 씨?

 어, 안녕하세요.

 정연 씨, 혹시 데이트?

오해의 공식
애인＝愛人

 아, 네.
제 애인(아이진)이에요.

 아이진(불륜상대)인데도,
당당히 소개하다니
이해할 수가 없군..

Explain

'애인'은 한자로 쓰면 「愛人あいじん」입니다. 일본에도 「아이진あいじん(愛人)」이라고 하는 말이 있습니다. 하지만 일본어로 「愛人あいじん」은 일반적으로 남편이나 아내 이외의 불륜관계의 연애상대를 의미합니다. 일본인에게 '아이진(愛人あいじん) 있습니까?' 등의 질문을 하는 것은 실례가 되는 것으로 이러한 질문을 받게 되면 일본인들은 매우 당황할 것입니다. 정상적인 만남을 가지고 있는 연애 상대를 말할 때는 한국어의 '연인'에 해당하는 코이비토(恋人こいびと)라고 하며, 남자친구는 카레, 카레시(彼かれ、彼氏かれし), 여자친구는 카노조(彼女かのじょ)라고 합니다. '아이진(愛人あいじん)'이란 단어는 각별히 주의해야 합니다.

「애인」は漢字かんじで書かくと「愛人あいじん」ですね。日本にほんにも「愛人あいじん」という言葉ことばがあります。でも、日本語にほんごで「愛人あいじん」とは一般的いっぱんてきに夫おっとや妻つま以外いがいの不倫関係ふりんかんけいの恋愛あいじん相手あいてのことを意味いみします。日本人にほんじんに「愛人あいじんはいますか」などと質問しつもんしたら、とてもびっくりするでしょうし、失礼しつれいになってしまいます。ちゃんと付つき合あっている恋愛れんあい相手あいてを表あらわす時ときは、韓国語かんこくごの연인に当あたる「恋人こいびと」を使つかい、男子친구は「彼かれ(彼氏かれし)」여자친구は「彼女かのじょ」とも言いいます。「愛人あいじん」にはくれぐれも気きをつけましょう。

47 '오토코', '온나'라고 하면 실례?

오늘은 이상형에 대해 자유롭게 이야기 해봅시다. 어떤 사람이 좋습니까?

여자=女

저는 머리가 긴 '온나(계집애)'가 좋습니다.

저는 머리가 짧은 '온나(계집애)'가 좋습니다.

저는 키가 크고 세련된 '온나(계집애)'가 좋습니다.

저보다 키가 크지 않은 '온나(계집애)'이면 좋겠는데.

남자=男

선생님은 어떤 '오토코(사내)'가 좋습니까? 이 '오토코(사내)'가 좋습니까? 아니면 이 '오토코(사내)'가 좋습니까?

('온나(계집애)'도 '오토코(사내)'도 그만 써~)

Explain

'오토코(남)', '온나(여)'는 성별을 나타내는 말입니다. 하지만 일본어에서는 한국어에서 '남자', '여자'라는 말을 사용하는 감각으로 대화중에 '오토코(남)', '온나(여)'라는 말을 사용해서는 안 됩니다. 이야기의 대상인 사람을 경시하는 듯하여 매우 품위가 떨어지는 느낌을 줍니다. 남자, 여자를 일컬을 때는 '오토코노히토' '온나노히토' 혹은 '단세(남성)' '죠세(여성)'이라는 말을 사용하도록 합니다.

「男」「女」は性別を表す言葉です。でも日本語の会話で、韓国語の「남자」「여자」という言葉を使う感覚で、そのまま「男」「女」を使ってはいけません。話題になっている人を見下しているようで、とても下品な感じを与えてしまいます。「男자」「여자」について話をする時は、「男の人」「女の人」や「男性」「女性」という言葉を使いましょう。

48 '두 번째 단추' 주세요

드라마에서
졸업식 하나 봐~

저~, 야마모토 선배님,
교복의 두 번째 단추,
저 주세요.

응, 너 줄게.

고, 고맙습니다.

있잖아, 단추 같은 것 받고
왜 저렇게 기뻐하는 거야?

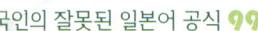

Explain

최근 일본 고등학교나 중학교의 남자 교복으로 블레이저가 많이 늘었지만, '쓰메에리'라는 교복을 입는 학교도 있습니다. 이 '쓰메에리' 교복에는 다섯 개의 단추가 달려 있는데 졸업식 때 좋아하는 사람에게 두 번째 단추를 건네주고 받는 풍습이 있습니다. 이 단추를 '제 2단추'라고 합니다. 이 풍습에 대해서는 여러 가지 설이 있지만 '제 2단추'는 심장에서 가장 가까운 위치에 있으므로 상대방의 마음을 사로잡는다는 의미로 좋아하는 남학생에게 두 번째 단추를 받는 것이라고 하는 설명이 일반적입니다. 여학생들 사이에서 인기가 있는 남학생은 졸업식 날 단추가 하나도 남지 않는 일도 있습니다. 교복이 블레이저인 경우에는, 제2단추 대신에 좋아하는 남학생의 명찰이나 학교 배지, 넥타이 등을 받는 경우도 있습니다.

最近の日本の高校や中学の男子生徒の制服はブレザーが増えてきましたが、「詰襟」と呼ばれる制服を着る学校もあります。この詰襟の制服には5つのボタンがついていますが、卒業式に好きな人に2番目についているボタンを渡したり、もらったりする風習があります。このボタンを「第2ボタン」といいます。この風習についてはいろいろな説がありますが、第2ボタンは心臓に一番近い位置にあるので、相手のハートをつかむという意味で、好きな男子生徒から第2ボタンをもらうという説が一般的です。女子生徒に人気のある男子生徒は、卒業式の日には制服のボタンがひとつも残っていないということもあるのです。制服がブレザーの場合には、第2ボタンの代わりに好きな男子生徒の名札や校章、ネクタイなどをもらおうとする場合もあります。

49 '소풍날 도시락'이라고 하면?

저기, 일본에서 소풍갈 때,
점심은 뭐 싸가지고 가 ?

사람마다 달라.
샌드위치 가지고 오는 사람도 있고…

그래서 오늘은 뭐 싸왔어 ?

그냥 주먹밥이랑 계란후라이랑,
문어모양낸 비엔나소시지.

난 물론 김밥 싸왔지~

나도~ 나도~

헉! 모두 김밥이잖아!

한국에서는 소풍날 점심은 역시 김밥입니다. 맛있고 들고 가기 편하고 먹기 좋고 영양도 만점입니다. 일본에서는 맛있고 들고 다니기 편하고 먹기 좋은 것이라고 하면 주먹밥을 들 수 있습니다. 소풍이나 운동회 여행 등에는 주먹밥을 가지고 가는 사람이 많습니다. 단, 주먹밥에는 반찬이 필요합니다. 각 가정에서 어머니들이 주먹밥 외에도 어린이가 좋아하는 음식이나 영양가를 생각하여 다양한 도시락을 준비하기 때문에 소풍날 점심은 한국에 비해 일본이 훨씬 음식이 다양하다고 할 수 있습니다.

韓国では、遠足のお昼はやはり「のりまき」ですね。おいしくて、持ち運びに便利で、食べやすくて、栄養も満点です。日本で、おいしくて、持ち運びしやすくて、食べやすいものと言えば、おにぎりです。遠足や、運動会、旅行などのときにはおにぎりを持っていく人が多いです。でも、おにぎりにはおかずが必要です。おにぎり以外にも子供が好きなものや栄養を考えて、家庭ごとにおかあさんがいろいろなお弁当を準備しますから、日本の遠足のお昼の方が多様だと言えるでしょう。

50 일본인은 '답례'를 좋아한다?

사토 씨, 저~, 지난주에 잠깐 한국에 다녀왔는데 괜찮으시면 이거 좀 드셔보세요.

어머, 고마워요.
(어머나, 세상에. 내가 제일 좋아하는 한국 김이잖아? 이거 고급 김 같은데? 얼른 뭔가 답례를 해야겠네.)

지난번에 감사했어요.
한국김 너무 맛있게 잘 먹었어요.
저기, 괜찮으시면
이거 좀 드셔보세요.
시골에서 보내온 거예요

어머, 고마워요.

아~ 줄곧 부담됐었는데
답례를 하고나니
기분이 넘 좋아.

일본에서는 상대방에게 무엇을 받으면 바로 '답례'를 하는 문화가 있습니다. 감사의 뜻을 나타냄과 동시에 상대방에게 폐를 끼치거나 부담을 준채로 넘어가지 않으려고 남을 배려하는 문화 현상입니다. 답례를 할 때에도 상대방에게 부담을 주지 않을 정도의 물건을 주는 것이 일반적입니다. 또 답례를 하지 않아도 나중에 만났을 때 간단하게 인사를 하는 것이 중요합니다.

日本には何かもらったらすぐに「お返し」する文化があります。感謝を表すとともに相手に迷惑や負担を掛けたままにしないように配慮する文化の現れです。お返しをするときも、相手に負担を与えないくらいの物を差し上げるのが一般的です。また、お返しをしなくても次に会ったときにはお礼の一言を言うことが大切です。

 ## 택시의 '문'

일본의 택시는 자동문으로 되어 있어서 이용객이 스스로 문을 열거나 닫는 일이 없습니다. 운전기사가 주위의 안전을 확인한 후 문을 열거나 닫아 줍니다. 일본에서는 택시의 기본요금이 지역에 따라 다소 다르지만 도쿄 23구의 경우 2000m당 일화 730円정도 입니다(2014년 현재).

日本のタクシーは自動ドアになっていて、利用客は自分でドアを開けたり閉めたりすることはありません。運転手が周囲の安全を確認して責任を持ってドアを開けたり閉めたりしてくれるのです。日本のタクシーの基本料金(初乗り料金)は、地域によって多少違いますが、東京23区の場合730円/2000mです(2014年現在)。

52 '나'를 가리키는 동작

어제 술 마시러 간 사람이 누구 누구였더라?

나랑 마츠모토랑 스즈키랑 사토, 그리고 건이.

(타카시 군 코에 뭐가 붙어 있나?)

회비, 아직 안 내신 분 계세요?

네, 접니다.

? (가슴이 아픈 걸까?)

Explain

일본인은 본인을 가리키는 동작으로 검지손가락으로 자신의 코를 가리킵니다. 이것은 얼굴의 중심인 코를 가리켜서 자신을 의미하는 것이라고 합니다. 한국에서는 몸의 중요한 기관인 심장을 자신의 중심이라고 생각하고 자신을 나타내는 동작으로 손바닥을 자기 가슴 쪽으로 향하게 하여 가슴팍에 댄다고 합니다. 이것은 일본에서는 낯선 동작입니다만 매우 정중한 느낌이 들기 때문에 나쁜 인상은 주지 않습니다.

日本人は自分を表すジェスチャーとして鼻を指します。顔の中心である鼻を指すことで、自分を意味すると言われています。韓国では、体の重要な器官である心臓を自分の中心と考えて、自分を表すジェスチャーとして胸に手をあてると言われています。日本では見慣れないジェスチャーですが、とても丁寧な感じがするので、悪い印象は与えないでしょう。

53 '그 손'은 뭐니?

김 건, 리포트 가지고 왔나요?

네, 선생님.

그 손은… 뭐니?

넷?

Explain

일본인 선생님이 건이의 손에 주목한 것은 그와 같은 습관이 일본에는 없기 때문입니다. 건이는 왼손을 오른팔에 갖다 대어 선생님에게 경의를 표했지만 그 결과 선생님은 '건이가 오른팔이 아파서 왼손으로 받치고 있는 건가'라고 오해를 하게 되었습니다. 이 경우 일본인은 두 손으로 물건을 건네주는 것이 일반적이므로 작은 차이이긴 하지만 한국인의 습관으로 인해 오해를 받는 경우도 있습니다.

日本人の先生がゴンの手に注目したのは、そのような習慣が日本にはないからです。ゴンは、左手を添えることで先生に敬意を表したのですが、先生には、「ゴンちゃん、右手が痛くて左手で支えてるのかしら」などと、ほかのことを連想させてしまったのです。日本人はこのような場合、両手で物を持って渡します。ちょっとした違いですが、このような誤解を受けることがあるかもしれません。

54 '머리 숙여 인사'하는 일본인

오늘 감사했습니다.

아닙니다, 저희가 감사하지요.

저희야말로 감사합니다.

오늘은 아주 의미 있는 회의였습니다.

그럼 실례가 많았습니다.

예, 조심해서 가세요.

허, 허리가…!!

Explain

상대방보다 낮게 머리를 숙임으로써 경의를 나타냅니다. 상대방이 머리 숙여 인사를 하면 자신도 그에 대한 답례로 다시 머리를 숙여 인사를 합니다. 자신보다 상대를 높이기 위해 결과적으로 인사를 몇 번이나 되풀이하게 됩니다. 손님을 배웅할 때는 서로 경의와 함께 아쉬움의 표시로 몇 번이나 머리 숙여 인사를 합니다. 바깥으로 나가서 손님의 모습이 눈에서 멀어질 때까지 배웅하는 것이 예의입니다.

相手より低く頭を下げることで敬意を表します。相手がお辞儀をしてくれれば、またこちらも頭をさげてお辞儀を返します。自分より相手を高めるために、結果的にお辞儀が何度も繰り返されることになります。お客様を見送るときは、互いに敬意とともに名残惜しさを表しながら、何度もお辞儀をします。お客様が見えなくなるまで外に出て見送るのがマナーとされています。

55 순서가 '반대'

어제는 여기저기
왔다갔다해서 지쳤어.

(왔다 갔다…?)
(갔다왔다를 반대로 말하네?)

흑백사진도 찍었어.
볼래?

(흑백…?)
(백흑을 반대로 말하네?)

한국어와 일본어에서는 동일한 의미이나 순서가 반대인 것이 있습니다. 「行ったり来たり(왔다 갔다)」, 「あちらこちら(여기저기)」, 「あれこれ(이것저것)」, 「出し入れ(넣고 빼다)」, 「でこぼこ(울퉁불퉁)」, 「白黒(흑백)」, 「老若男女(남녀노소)」, 「良妻賢母(현모양처)」 등으로 흥미로운 현상입니다. 물론 한국어의 순서대로 말해도 통하지만 일본인에게는 매우 부자연스럽게 느껴집니다.

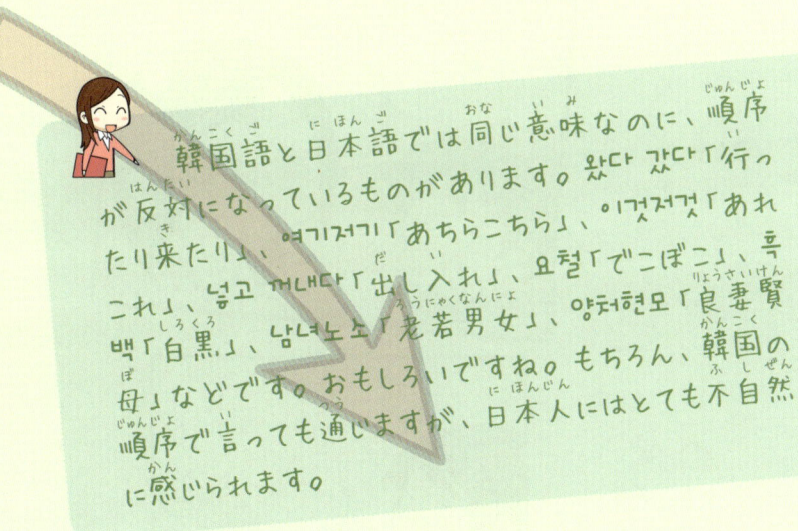

56 거짓말도 아니면서 '거짓말~'

 어제, 탤런트○○의 사인회에 갔다 왔어.

'거짓말'! 대단하다~

 정말이야. 봐, 사인 받았어.

오해의 공식
うそ=거짓말

 '거짓말'! 멋지다~

 이거 진짜야. 거짓말이 아니야.

Explain

「う そ」는 '거짓말'이란 의미의 일본어입니다. 최근에는 특히 젊은 층에서 놀라움, 감동, 기쁨을 나타내는 감탄사로「うそ」를 자주 사용합니다.「うっそー」라고 강하게 발음하거나「うそうそうそ」라고 연거푸 말하기도 합니다. 결코 상대방을 의심하고 있는 것이 아니므로 언짢아할 일이 아닙니다.

「うそ」は「거짓말」の意味の日本語です。最近は特に若い人たちの間で、驚き、感動、喜びを表す感嘆の言葉として「うそ」がとてもよく使われます。「うっそー」と強く発音したり、「うそうそうそ」と連呼したりもします。決して相手のことを疑っているわけではありませんから、安心してください。

57 '맞장구'는 듣고 있다는 표시

이번 일요일에는…

유원지에 가려고
생각하고 있는데…

…

어디로 갈까 망설이고 있어.

…

저기, 듣고 있어?

응, 듣고 있어.

Explain

일본인은 상대방이 이야기를 할 때 그냥 듣기만 하는 일은 거의 없습니다. 대화중에 '제대로 상대방의 이야기를 듣고 있다', '내용을 이해하고 있다'라고 하는 표시를 합니다. 이것이 맞장구입니다. 상대방을 불안하지 않게 배려하므로 한국어에 비해 맞장구를 치는 횟수가 훨씬 많습니다. 고개를 끄덕이거나「へえ」,「ふうん」,「ほお」,「はい」라고 하거나 상대방이 말한 것을 반복하기도 합니다. 그래서, 일본인들은 상대방이 아무런 반응도 하지 않으면 자신의 이야기를 듣고 있는지 어떤지 상당히 불안해합니다.

日本人は相手の話を聞いているときに無反応でいることはほとんどありません。会話のときには「ちゃんと相手の話を聞いていますよ。」「内容を理解していますよ。」という合図をします。これが相づちです。相手を不安にさせないように配慮して、韓国よりも頻繁に相づちを打ちます。うなづいたり、「へえ」「ふうん」「ほお」「はい」などと言ったり、相手の言ったことを繰り返したりします。ですから、日本人は聞き手が何の反応も示さないと、自分の話を聞いているのかどうかとても不安になるのです。

58 사토 씨네는 '모두' 사토 씨

그런데 전부터 궁금했었는데 타카시 군, 어머니 이름이 뭐야?

우리 엄마 이름?
요코.

이름 말고 성은?

엉? 그거야 당연히 사토지.

어?
(어머니도 같은 성씨야? 그건 드문 경우인데…)

건이 어머니 이름은? 김…뭐~뭐~씨?
(건이가 김 건이니까 건이 어머니는 김XX 씨겠지?)

우리 어머니는 이 씨야.

어?
(한 가족인데 왜 성씨가 다르지? 뭔가 사정이라도 있나?)

한국은 부부가 결혼하기 전의 성씨를 그대로 유지하므로 결혼 전과 같은 성씨를 사용합니다. 하지만 일본의 호적 제도는 현재 '부부동성'입니다. 결혼하면 부부 중 어느 한 쪽의 성으로 통일합니다. 따라서 사토 씨의 가족은 전원 성이 사토입니다. 현재 결혼에 의해 여성 쪽이 성을 바꾸는 경우가 대부분을 차지하고 있습니다. 최근에는 성을 바꿈으로써 초래되는 불이익 혹은 이혼으로 인해 자녀의 성을 바꾸는 문제 등 여러 가지 이유로 결혼을 해도 부부가 각자의 성을 유지하는 제도를 도입할 것을 주장하는 의견도 있습니다.

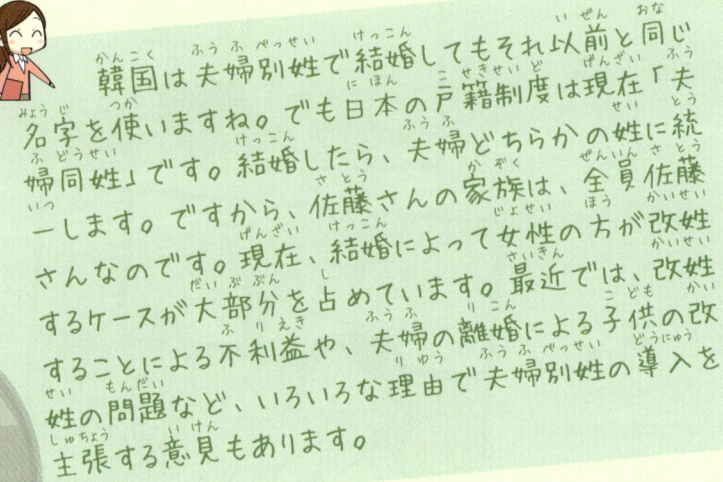

韓国は夫婦別姓で結婚してもそれ以前と同じ名字を使いますね。でも日本の戸籍制度は現在「夫婦同姓」です。結婚したら、夫婦どちらかの姓に統一します。ですから、佐藤さんの家族は、全員佐藤さんなのです。現在、結婚によって女性の方が改姓するケースが大部分を占めています。最近では、改姓することによる不利益や、夫婦の離婚による子供の改姓の問題など、いろいろな理由で夫婦別姓の導入を主張する意見もあります。

59 어! 과자를 '다' 먹어치웠어?

죄송해요.
남편이 곧 돌아올 테니
조금만 기다리세요.
과자라도 좀 드세요

감사합니다.

녹차라도…!!
(어머나 세상에!
다 먹어버렸네.)

일본의 다도에서는 차와 함께 과자를 먹습니다. 주역인 차의 맛을 돋우거나 쓴맛을 완화시키기 위해 차와 곁들이는 간단한 음식으로 먹는 것입니다. 과자라고 하는 것은 본래 배가 부를 만큼 많이 먹는 것이 아닙니다. 그래서 요즘도 내어준 과자를 전부 먹어버리는 일본인은 그다지 없습니다. 또 탁자의 중앙에 먹을 것을 담아 놓았다면 과자뿐만 아니라 여러 사람이 필요한 분량만큼 덜어먹는 것이므로 혼자서 다 먹어치우는 일이 없도록 주의합시다.

日本の茶道ではお茶といっしょにお菓子をいただきます。主役であるお茶の味を引き立てたり、苦みを和らげたりするためのお茶請けとして食べます。お菓子というのは、本来お腹がいっぱいになるほど、たくさん食べるものではないのです。ですから、出されたお菓子を全部食べてしまうという日本人はあまりいません。また、テーブルの中央に盛り付けられたものは、お菓子に限らず、何人かが必要な分だけ取って食べるものですから、一人で全部食べてしまわないように気をつけましょう。

60 도대체 뭐라고 하는 거야?

소라야 있지,
나 어제 넘 싫은 일이 있었어.

유카, 무슨 일이야?

어제 걔랑 약속했는데
막켄(막판켄슬)된 거 있지?
그래서 완전 골때리고 쩔어서
걔 폰에 폰질해서 몇 번이나
바로 끊었삼.

소라야, 괜찮아?

신세대, 특히 10대들이 사용하는 말은 독특합니다. 게다가 시대와 함께 바뀌고 있습니다. 스마트폰이나 컴퓨터가 발달하면 할수록 커뮤니케이션이 다양해져 사용하는 언어도 변화합니다. 이것은 극히 일반화된 신세대 용어의 일례입니다. 일본도 한국과 마찬가지로 말에 나타나는 세대차이가 심각해지고 있습니다.

만화에서 나온 신세대 용어	
めっちゃ	굉장히, 엄청, 몹시
ドタキャン	막판에 캔슬되다(약속 일정 직전에 약속이 취소되다).
キレる	(분노로 혈관이) 끊어지다. 혈관이 끊어질 만큼 화가 나다.
むかつく	짜증나다, 화가나다.
ワン切り	상대에게 전화를 걸어 단번에 끊는다.

新世代、とくに10代の若者が使う言葉には独特なものがあります。そのうえ、時代と共に変化しています。スマートフォンやコンピュータが発達すればするほど、コミュニケーションが多様化し、使用言語も変化します。ここで紹介しているのは、かなり一般化している若者言葉の一例です。日本でも韓国と同じようにジェネレーションギャップが大きくなっているのです。

61 '아저씨', '아줌마'라고 부르지 마!

(아이가 있는 여성은
아줌마라고 부르면 되니까…)
아줌마, 아줌마,
실례합니다, 아줌마.

저, 아줌마,
도서관이 어디예요?

응? 나? 글쎄, 잘 모르겠네.
('아줌마'로 불리다니 좀 충격적이네.)

(결혼한 남성은
아저씨라고 부르면 되니까…)
아저씨, 아저씨,
실례합니다, 아저씨.

저, 아저씨,
도서관이 어디예요?

응? 나? 쭉~가서 오른쪽이야.
(얘한테는 내가 벌써 '아저씨'로
보이나…? 좀 충격적인걸.)

일본에서는 기혼이나 미혼 혹은 연령에 관계없이 낯선 사람에게는 「おじさん(아저씨)」, 「おばさん(아줌마)」라고 부르는 것이 실례가 됩니다. '아저씨', '아줌마'는 나이 든 사람이라는 이미지가 있으므로 그것을 받아들이는 데 있어서 개인차이가 있기 때문입니다. 이름을 모르는 사람에게는 「すみません(죄송합니다)」 혹은 「失礼ですが(실례합니다)」로 말을 걸도록 합시다.

日本では既婚、未婚や年齢を問わず、見知らぬ人に「おじさん」「おばさん」と呼び掛けるのは、失礼になります。「おじさん」「おばさん」は年配の人というイメージがあり、その呼び方を受け入れられるかどうかには個人差があるからです。名前を知らない人には「すみません」「失礼ですが」と呼び掛けるようにしましょう。

62 '오쓰카레사마?', '고쿠로사마?'

오늘은 모두 돌아가도 괜찮아.

일본 회사에서

네.

부장님, 수고하셨습니다.

그래~ 조심해서들 가라고.

부장님, 고쿠로사마데시타.

잠깐, 기다렷!

130 한국인의 잘못된 일본어 공식

Explain

'오쓰카레사마'와 '고쿠로사마'는 둘 다 상대방의 노고를 치하하기 위해 하는 말이지만 일본에서는 '고쿠로사마'는 손윗사람이 손아래사람에게 사용하는 것이 일반적이므로 손아랫사람이 손윗사람에게 사용하면 실례가 됩니다. '고쿠로사마'가 자신이 시킨 일을 한 것에 대한 치하라면 '오쓰카레사마'는 서로의 노고에 대한 치하로 각각 구별하여 사용하고 있습니다.

「お疲れ様」と「ご苦労様」は、どちらも相手の苦労を労う言葉ですが、日本では「ご苦労様」は目上の人が目下の人の苦労を労う時にのみ使い、目下の人が目上の人に対して使うと失礼とされています。「ご苦労様」は自分がさせた仕事をしたことに対する労いを表し、「お疲れ様」はお互いの苦労に対する労いを表す言葉として区別されています。

63 어디가 '아파'?

오해의 공식
아프다 = 痛い

유카, 안색이 안 좋은데 어디 아픈 거 아냐?

아니, 아무데도 아프진 않은데…

아니 너무 아파 보여.

으~응, 아픈 곳은 없어.

어, 열이 있어.

그래. 아픈 곳은 없는데 열이 있는 것 같아.

선생님, 유카가 많이 아파요.

(아픈 게 아니라고 했는데도…)

Explain

한국에서는 감기 등으로 몸 상태가 안 좋을 때나 병에 걸렸을 때 '아프다'라고 합니다. '아프다'는 일본어로 '이타이'라고 하는데 일본어의 '이타이'는 몸에 통증을 느끼는 상태를 말합니다. 일본어의 '이타이'에 비해 한국어의 '아프다'가 비교적 의미 영역이 넓다고 할 수 있습니다. 몸 상태가 나쁜 것을 표현할 때는 상태 혹은 컨디션이 좋지 않다는 의미로 '구아이가 와루이', '쵸시가 와루이'를 사용합니다.

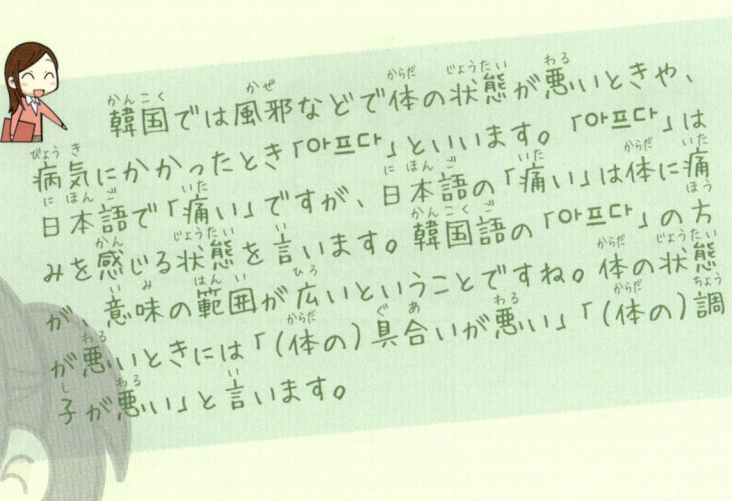

韓国では風邪などで体の状態が悪いときや、病気にかかったとき「아프다」といいます。「아프다」は日本語で「痛い」ですが、日本語の「痛い」は体に痛みを感じる状態を言います。韓国語の「아프다」の方が、意味の範囲が広いということですね。体の状態が悪いときには「(体の)具合が悪い」「(体の)調子が悪い」と言います。

64 '장음' - 작은 차이, 전혀 다른 의미 1

어서 오세요!

주문하시겠습니까?

음~, 우선
'비루(빌딩)'를 주세요.

넷?

Explain

일본어에는 빌딩(ビル) vs 맥주(ビール), 지도(地図) vs 치즈(チーズ), 좋아(好き) vs 스키(スキー), 커피(コーヒー) vs 복사(コピー) 등과 같이 길게 늘여서 발음하는 장음이 많지만 한국인들은 이것을 제대로 늘이지 않고 짧게 발음해 버리는 경우가 많습니다. 이 때 일본인들은 한국인들의 오류를 인식하지 못하고 전혀 다른 말로 이해하기 쉬우므로 커뮤니케이션에 지장을 초래하는 경우가 있습니다. 길게 늘여서 말해야 하는 발음은 제대로 늘여서 말할 수 있도록 합시다.

ビルvsビール 地図vsチーズ すきvsスキー コーヒーvsコピーなど、日本語には長く伸ばす音が多いですが、韓国人はそれをきちんと伸ばさずに短く言ってしまうことが多いです。そうすると、聞いているほうの日本人は、それを別の単語と理解してしまい、コミュニケーションに支障がでることがあります。長く伸ばす音はしっかり伸ばすようにしましょう。

65 '탁음' - 작은 차이, 전혀 다른 의미 2

 소연 씨, 커피 드세요.

 감사합니다. 잘 마실게요.

 아, 다나카 씨, 이거 변변찮지만 드세요.

 감사합니다.

 아, 맞다. 내일 우리 회사 운동회인데 소연 씨도 안 오실래요?

감사합니다. 하지만 내일 한국에 돌아가야 해서요….

 아쉽지만….

 아, 그러셨군요. (왠지 어린아이 같네.)

Explain

일본어에는 「がぎぐげご」, 「ざじずぜぞ」 등의 탁음이 있습니다. 일본어학습자에게는 조금 어려운 발음입니다. 이 탁음 중에서도 한국인이 특히 어려워하는 음은 「ざ」, 「ず」, 「ぜ」, 「ぞ」로, 「じゃ」, 「じゅ」, 「じぇ」, 「じょ」로 발음하기 쉽습니다. 그래서 소연 씨처럼 「ありがとうございます」를 「ありがとうごじゃいます」, 「どうじょ」와 같이 발음하는 경우도 많습니다. 물론 이런 발음이어도 커뮤니케이션에 지장이 있는 것은 아니지만, 듣는 일본인의 입장에서는 다나카 씨처럼 '어린아이 같다', '유치하게 들린다'와 같은 인상을 받습니다. 일본어를 갓 배운 어린아이 같은 발음이기 때문입니다. 기껏 사용하는 일본어가 유치하게 들린다면 조금 아깝지 않을까요?

日本語には「がぎぐげご」「ざじずぜぞ」などの濁音があります。日本語学習者には少し難しい発音です。その濁音の中でも韓国人にとって難しい音は「ざ」「ず」「ぜ」「ぞ」で、「じゃ」「じゅ」「じぇ」「じょ」と発音してしまいがちです。そのためソヨンさんのように「ありがとうございます」を「ありがとうごじゃいます」「どうじょ」などと発音してしまう場合が多くあります。もちろんこのように発音してもコミュニケーションに支障があるわけではありませんが、聞く側の日本人の印象は田中さんのように「子供みたい」「幼稚に聞こえる」というものです。日本の言葉を覚えたての子供たちも同じような発音をするからです。せっかく話す日本語が幼稚に聞こえてしまうのは少しもったいないですね。

66 '나이'가…?

수고하셨습니다.
두 분 모두 저녁 늦게 한국에 도착 하셨죠? 피곤하시죠?
그런데, 다카하시 씨 나이가?

네? 나이 말입니까?
72년생입니다만….

그렇습니까?
저는 75년생입니다.
다카하시 씨가 저보다 3살 위이시네요. 잘 부탁드립니다.

아, 잘 부탁드립니다.

스즈키 씨는 나이가?

저는 76년생입니다만.

아~ 1살 아래네~
야, 만나서 반가워.
잘 부탁해.

아, 잘 부탁드립니다.

Explain

한국사회에서는 나이에 따라 상하관계가 정해집니다. 한국에서는 나이를 확인해야 비로소 서로간의 관계가 명확해지지만 일본에서는 이와 같은 일이 한국에 비해 적습니다. 따라서 일본에서는 비교적 시간이 경과한 후에 나이 얘기를 꺼내며, 나이를 직접적으로 거론하지 않는 경우도 있습니다. 아직 만난 지 얼마 되지 않았는데 불쑥 나이를 묻는다면 일본인들은 좀 당황할 것입니다. 또 성인 여성에게 나이를 물을 때는 한층 더 주의가 필요합니다. 교실이나 회의 등 여러 사람이 있는 곳에서 나이에 대해 거론하는 것은 피하는 편이 좋습니다. 나이를 확인하고 싶다면 다른 사람을 통해 물어보거나 사적인 얘기를 할 때 개인적으로 물어보는 편이 바람직합니다.

韓国社会は年齢による上下関係がはっきりしています。韓国では年齢を確認してこそ、お互いの関係が明確になるのですが、日本では韓国ほどではありません。ですから、年齢を話題にするタイミングが韓国よりずっと後になったり、直接話題にしない場合もあります。まだ会って間もないのに、突然年齢を聞かれたら、ちょっと驚く日本人もいるはずです。また、大人の女性に年齢を尋ねるのは一層注意が必要です。教室や会議など、人が大勢いるところで年齢を話題にするのは避けたほうがいいでしょう。年齢を確認したかったら、別の人に教えてもらったり、プライベートな時間に個人的に尋ねたりするようにしましょう。

67 기본안주가 '무료'가 아니다?!

이거 '간단한 안주'예요.
'쯔키다시(기본안주)'라고도 하지요.

아~ '쯔키다시'예요?
잘 먹겠습니다. (양이 적네~)

자, 술 주문합시다.
뭘로 할까요?

맥주로 하죠. 그리고,
이 '기본안주'도 좀 더 주세요.

아니 벌써 다 드셨어요.
'쯔키다시'를 추가하는
사람은 없어요.
자, 맥주랑 요리를 주문합시다.

아, 그렇습니까?
(한국에서는 '기본안주' 리필은 자유인데)

어, '기본안주'는 무료 아닌가?
('기본안주' 2개 640엔!!
'기본안주'는 무료 아닌가?)

Explain

가게에 따라 차이가 있긴 하지만 선술집에 가서 자리에 앉으면 먼저 기본안주가 나오는 것이 일반적입니다. 이것은 주문한 음식이 나오기 전에 내주는 간단한 요리로 관동지방에서는 '오토시', 간사이 지방에서는 '쯔키다시'라고 합니다. 일본의 선술집에서는 일반적으로 안주에도 가격이 매겨지며, 자리세과 같이 취급되는 곳이 많습니다. 한국의 기본안주는 여러가지 반찬이 나오고 더 먹고 싶을 때는 리필할 수도 있지만 일본의 '쯔키다시'는 이와 달리 무료로 제공되지 않습니다.

お店によって違いはありますが、居酒屋に行って席に着くと、まず「お通し」が出されるのが一般的です。これは注文した物が出されるまでの簡単な料理で、関東では「お通し」関西では「突き出し」と言われます。日本の居酒屋では一般的に「お通し」には代金があり、座席料のような扱いになっているところが多いです。韓国の突き出しは、いろいろなおかずが出てきて、もっと食べたいときはお代わりすることもできますが、日本の「お通し(突き出し)」はそうではありません。ずいぶん違いますね。

68 건배한 후 '술 마시는 방법'의 차이

건배!

어? 왜 모두 옆쪽을 보고 마시는 걸까?

건배!

왜 이쪽을 보고 마시는 거야?

Explain

유교 문화가 많이 남아있는 한국에서는 손윗사람과 마주 보고 앉아 술을 마시는 것은 실례입니다. 그렇기 때문에 손윗사람과 한자리에서 술을 마실 경우에는 손아래사람이 상체를 옆이나 뒤로 살짝 돌려 마시는 것이 일반적인 예법입니다. 현재 일본에는 그러한 특별한 예법이 없기 때문에 일본인이 한국인의 그러한 행동을 접하게 되면 당황할 수도 있습니다.

儒教の文化が残っている韓国では、目上の人と面と向かってお酒を飲むことは失礼とされています。ですから、目上の人と同席してお酒を飲む場合には、横や後ろを向いて飲むのが一般的な作法です。現在、日本にはそのような特別なマナーはありませんから、日本人が韓国人の行動をみて戸惑うこともあるかもしれません。

69 '담배' 피워도 되겠습니까?

스즈키 씨,
담배 가지고 있으면
한 대만 빌릴 수 있을까?

네, 여기 있습니다.

어떤가?
이 회사에 좀 익숙해졌나?

네, 덕분에.
그럼, 저도 한 대 피워도 되겠습니까?

이런 무례한 경우를 봤나!

왜 저러시는거죠?

상사와 함께 담배를
피우다니 절대 안돼.

유교 문화가 많이 남아있는 한국에서는 손윗사람과 함께 담배를 피우는 것은 매우 실례입니다. 한국인이라면 부모님이나 상사 앞에서는 결코 담배를 피우지 않습니다. 그러나, 일본에는 그러한 의식이 없기 때문에 상대방에게 폐가 되지 않으면 손윗사람과 맞담배를 피우는 것도 가능합니다. 물론 '담배 피워도 괜찮습니까?'라고 한마디 양해를 구하는 것이 예의이겠지요.

儒教の文化が残っている韓国では、目上の人といっしょにたばこを吸うことはとても失礼なことです。韓国人なら両親や上司の前では決してたばこを吸いません。しかし、日本にはそのような意識はありませんから、相手が迷惑でさえなければ目上の人といっしょにたばこを吸うことも可能です。もちろん「たばこ、よろしいですか?」と、一言ことわるのがエチケットです。

70 일주일에 세 번 '헬스'를 다녀요

스즈키 씨는 자유 시간을
어떻게 보내세요?

저는 몸을 움직이는 것을 좋아해요.
최근에는 수영장에 나가고 있어요.

그러세요?
우리 서로 뭔가
잘 맞을 것 같은데요.

정연 씨는 퇴근 후에
뭔가 취미생활을 하시나요?

헬스=ヘルス

저는 일주일에 세 번
헬스를 다녀요.
역시 헬스를 하면
기분이 상쾌해져요.

네? 헬스? 일주일에 3번…
기분이 상쾌해진다고?

실례합니다.
더 이상 연락하지 말아 주세요.

네? 왜 그러세요?

Explain

활동적인 사람이라면 한국에서 헬스를 다닌 경험이 있을 것입니다. 일본에도 한국의 헬스장과 같은 시설이 있지만 '헬스'라고 부르지 않고 '휘트니스 클럽', '애슬래틱 짐', '스포츠 짐', '스포츠 클럽'이라고 합니다. 일본어의 '헬스'는 속어입니다. '패션 헬스'를 줄인 말로 일반적으로 여성 종업원이 남성에게 성적인 서비스를 제공하는 곳을 말합니다. 따라서 잘못 사용하면 큰 오해를 초래할 수 있으므로 각별히 주의해야 합니다.

体を動かすことが好きな人は、韓国でヘルスに通った経験があるのではないでしょうか。日本にも同じような施設がありますが、「ヘルス」とはいいません。「フィットネスクラブ」「アスレチックジム」「スポーツジム」「スポーツクラブ」などといいます。日本語の「ヘルス」は俗語です。「ファッションヘルス」の略語で一般的に女性従業員が男性に性的なサービスを提供するところなのです。大きな誤解を招きますから、注意しましょう。

71 '커피믹스'란?

그럼, 15분 쉽시다.
커피 드시겠어요?

네, 부탁합니다.

믹스밖에 없는데 괜찮으세요?

(뭘 믹스한 걸까?)
네, 괜찮습니다.

드세요.

아, 감사합니다.

헉! 엄청 달다~

일본에서는 한국의 커피믹스가 일반적인 것이 아닙니다. 인스턴트커피를 블랙으로 준비하여 거기에 각자의 취향에 맞춰 설탕이나 우유를 더해 마시는 것이 일반적입니다. 일본에는 '커피 믹스'라는 말이 없다는 점에 주의해야 합니다. 일본인들이 한국의 커피 믹스를 너무 달다고 느끼는 경우가 많지만 그 간편함 때문에 귀국할 때 일부러 선물로 사 가는 사람도 있는 모양입니다.

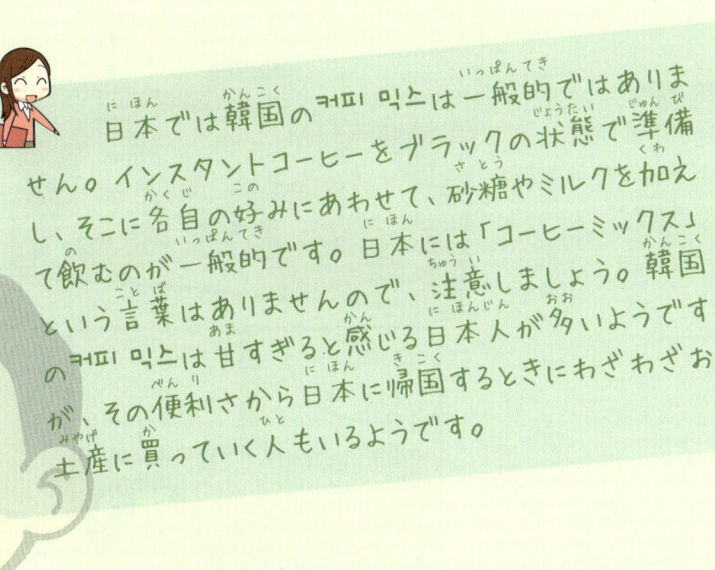

72. '리필'이 안 된다고?!

진수성찬이네요.
요리가 너무 예쁘고,
맛있어 보여요.

자, 많이 드세요.

맛있네요.

정말 맛있네요.
많이 드세요.

죄송한데 이 야채랑,
그리고 이 국 좀 더 주세요.

그건, 좀…

Explain

한국에서는 메인요리 이외에 반찬을 필요한 만큼 리필할 수 있는 것이 일반적이지만 일본의 식당이나 레스토랑, 고급 요리점에서는 '음식 리필 자유'라는 표시가 없는 한 리필을 할 수 없습니다. 좀 더 먹고 싶을 때는 단품으로 주문해야 합니다. 물론 돈도 지불합니다. 코스 요리의 경우는 추가를 할 수 없는 경우도 있기 때문에 종업원에게 확인을 해야 합니다.

韓国ではメインの料理以外のおかずは必要なだけお代わりできるのが一般的ですが、日本の食堂やレストラン、料亭などでは「お代わり自由」の表示がない限り、お代わりすることができません。もっと食べたいときは単品で注文しなければなりません。もちろん、代金も払います。コース料理の場合は追加ができない場合もありますから、お店の人に確認してみましょう。

73 '선물'을 선택하는 것은 어렵다!

사토 씨, 좋은 물건이 들어왔는데 이거 가지고 가세요.

신경 써주셔서 감사합니다.

자, 이거 박부장님이 주신 선물이야.

또 홍삼이네. 어떡하죠.

Explain

홍삼 등 한국에서 고급으로 여겨지는 선물도 받는 사람에 따라서는 환영받지 못할 법한 것도 있습니다. 일본인의 경우 한국인처럼 홍삼을 빈번히 섭취하는 습관이 별로 없어서 그 맛에 익숙하지 않기 때문에, 소주에 담가서 약주로 마시는 정도로밖에 용도를 모르는 경우가 많습니다. 따라서, 홍삼이 귀중한 것인지는 알지만, 실제로는 먹을 수가 없어서 곤란한 사람도 있는 것입니다. 선물을 고르는 것은 상당히 어려운 일입니다. 직접 무엇을 원하는지 물어도 뭐든지 좋다고 대답하는 것이 일본인입니다. 하지만 일본인 친구에게 일본인에게 무엇을 선물하면 좋을지 물어보거나, 몇 가지 후보를 보여주고 고르게 하는 것도 좋은 방법일지 모릅니다.

高麗人参など韓国で高級とされる贈答品も受け取る人によっては喜ばれないこともあります。日本人の場合、韓国人のように高麗人参を頻繁に摂取する習慣がないため、その味に慣れていない人も多く、焼酎に漬けて薬酒として飲むくらいしか使い道を知らない場合が多いです。ですから、高麗人参が貴重なものであるということは知っていても、実際にはなかなか食べられなくて困ってしまうという人もいるのです。お土産を選ぶのはなかなか難しいものです。直接何がほしいかと聞いても「何でもいい」と答える日本人が多いでしょう。友人の日本人に何をプレゼントしたらいいか聞いてみたり、もし直接聞ける相手だったら、お土産の候補をいくつか提示して選んでもらうのもいい方法かもしれません。

74 어, '반찬'이 이게 다야?

한국을 처음 방문한 일본인은 무엇보다 식사 때 나오는 반찬의 가짓수가 많은 점에 놀라는 일이 많습니다. 주문한 요리가 나오기 전에 배가 부르게 되는 것이 아닐까 염려할 정도입니다. 반대로 일본을 처음 방문한 한국인은 일본에서 식사할 때 반찬의 가짓수가 적은 점에 놀랍니다. 생선구이를 주문하면 따라 나오는 것은 밥, 된장국, 단무지 3개 정도입니다. 또 된장국을 리필하게 되면 별도로 요금이 부가됩니다. 한국인이 일본에서 식사할 때는 부족함을 느낄지도 모릅니다.

韓国を初めて訪問した日本人は、何より食堂での食事の際のおかずの多さに驚きます。メインの料理が来るまえにお腹一杯になってしまうのではないかと心配になるほどです。反対に日本を初めて訪問した韓国人は、日本の食堂のおかずの少なさに驚きます。焼き魚を注文すれば、ついてくるのはごはん、味噌汁、たくあん3枚くらいです。また味噌汁をお代わりすればそれは別料金となる場合がほとんどです。日本での食事は韓国人にとっては物足りないかもしれません。

75 '목욕물'이 없어졌다?

건이야, 네가 먼저 씻을래?

응.

사토 씨 집에서

목욕물이 없어…

타카시는 왜 이런 상황에 놓이게 된 것일까요? 그것은 당연히 욕조에 목욕물이 있을 거라고 생각했기 때문입니다. 일본인은 일반적으로 욕조에 목욕물을 한번 받으면 사용한 만큼 보충하면서 가족 모두가 함께 사용합니다. 하지만 한국에서는 자기가 사용한 목욕물을 목욕하고 나올 때 버리는 것이 일반적입니다. 일본인 가정에 홈스테이를 할 때 이와 같은 차이점에 각별히 주의해야 합니다.

たかし君はどうして、このような状況になったのでしょう。それは、当然お風呂にはお湯が入っていると思ったからです。日本人は一般的に湯船に一度お湯を入れたら、使った分を継ぎ足しながら家族全員が同じお湯を使います。しかし韓国では自分が使ったお湯は出るときに捨ててしまうのが一般的です。日本人の家にホームステイするときは気をつけたほうがよいでしょう。

76 한국과 일본의 겨울 '난방문화'

 다나카 씨, 춥지 않습니까?

 아뇨, 한국은 집안이 따뜻하네요.

 아~ 방바닥이 뜨거워 죽겠다~

 재성 씨, 춥지 않습니까?

 춥네요. 일본은 집안이 춥군요.

 아~ 추워 죽겠다~

Explain

일본은 한국과 달리 바닥 난방이 그다지 보급되어 있지 않습니다. 일본의 주된 난방기구는 난로, 냉난방겸용 에어컨, 고타쓰(こたつ), 전기 카페트입니다. 전기 카페트가 깔려 있지 않으면 냉방인 상태입니다. 일본은 이불이 한국 이불에 비해 두껍지만 온돌에 익숙한 한국인들에게는 냉방에서 견디는 데 상당한 훈련이 필요할 것입니다. 겨울에 일본인의 집에 묵을 때는 각오를 단단히 해야할 지도 모릅니다.

日本は韓国ほど床暖房が普及していません。日本の主な暖房器具はストーブ、エアコン、こたつ、電気カーペットなどです。電気カーペットが敷かれていなければ部屋の床は冷たいままです。日本の布団は韓国に比べ分厚くできていますが、床暖房に慣れている韓国人にとってこの冷たさに打ち勝つのはかなりの訓練が必要です。日本人の家に冬に泊まる時はちょっとした覚悟が必要かもしれません。

77 '저번'에는 감사했습니다

저 건이 어머니,
저번엔 감사했습니다.

네?
(무슨 일이었더라?)

쇼핑 갔다 오는 길에 차를
태워 주셔서 감사합니다.

(아아, 그것 뭐 대단한 일도 아니고
굳이 인사 같은 거 안 해도 되는데…)
아니에요~

그런데 최근에
일을 시작하셨다고
하시던데 어떠세요?

아, 덕분에 잘하고 있습니다.
(그때 내가 답례로 준 메론은 먹었을까?
맛이 괜찮았을까?)

그래요? 힘내세요.
그럼 또 봐요.

아, 예.
(어? 그것뿐이야? 메론은?
잊어버린 건가?)

일본인들끼리 다시 만났을 때는 지난 번에 신세를 진 데 대해 한 마디 인사를 하는 것이 일반적입니다. 신세를 졌다면 '저번에는 제가 신세를 졌습니다', '저번에는 감사했습니다', 식사를 대접받았을 경우에는 '저번에는 잘 먹었습니다', 무엇인가 받았을 때는 '저번에는 좋은 선물을 주셔서 감사합니다'와 같이 감사의 기분을 표현합니다. 일본인들은 이러한 인사를 하지 않으면 지난 일을 완전히 잊어버린 것 같아 조금 허전하게 생각합니다.

日本人同士が再会したときには、前回おせ話になったことについて一言お礼を言うのが一般的です。お世話になったら「先日はお世話になりました。」「先日はありがとうございました。」、食事をごちそうしてもらったら「先日はごちそうさまでした。」、何かいただいた場合には「先日は結構なものをありがとうございました。」のように感謝の気持ちを表しましょう。このような挨拶をしないと、前回のことをすっかり忘れてしまっているようで、日本人は少しさびしく感じるでしょう。

78 '과자'의 가치

고마워요.

이거 괜찮으시면 드세요.

왜 이렇게 포장을 많이 했담？

150년 전통이 있는 유명한 가게의 과자입니다. 입에 맞으실지 모르겠어요.

이건 떡이냐？ 빵이냐？

떡이죠.

그건 저희 고장의 호수와 산을 본뜬 과자로 과자 속에 든 것은…

5분 만에 전부 먹어치우다니….

Explain

일본에서는 남의 집을 방문할 때 간단한 선물로 일본과자나 서양과자를 준비하는 사람이 많습니다. 이 때, 상대가 좋아할 만한 것을 충분히 생각하여 고릅니다. 맛있다고 소문난 가게나 전통 있는 상점의 과자를 일부러 준비하여 상대를 배려하는 마음을 표시합니다. 그러므로 선물용 과자는 감사의 표시로 받아서 대개 나중에 먹는 일이 많습니다. 그 자리에서 선물을 준 사람과 같이 먹는 일도 있지만 그러한 경우에도 일본과자나 서양과자는 기본적으로 한 개씩 접시에 담아 맛을 음미하며 먹습니다. 선물용 과자에는 일본인이 상대방을 생각하는 마음이 담겨 있다는 점을 이해하고 좀 더 소중히 다루도록 합시다.

日本では他の家を訪問するときに、手みやげとして和菓子や洋菓子を準備していく人が多いです。相手が好きそうなものをよく考えて選んだり、おいしいと評判の店や伝統のある店のお菓子をわざわざ準備したりして、相手に配慮する気持ちを表現します。ですから、おみやげのお菓子は感謝の気持ちを表して受け取り、普通はあとで食べます。その場でいっしょに食べることもありますが、和菓子や洋菓子は基本的に一つずつ皿にとって味わって食べます。手みやげのお菓子には、日本人が相手を思いやる気持ちが込められています。大切にいただきましょう。

79 '잘' 봐주세요

잠깐 가방 검사를 하겠습니다.

오해의공식
잘 봐주세요
＝よく見てください

아! 귤이네요.
음식물은 가지고
나가실 수 없습니다.
여기서 처분하겠습니다.

아, 이번만 잘 봐주세요.
부탁드립니다.

어?? 네네.
한 번 더 잘 보겠습니다.

아직 잔뜩 들어있네요.
안됩니다.
전부 몰수하겠습니다.

(잘 봐달라고 부탁했는데…)

Explain

일본어에서 '잘 본다'라는 말은 '주의깊게 자세히 보다'라고 하는 의미이므로 '잘 좀 봐 주세요'라고 부탁을 해도 못 본 체해줄 리가 없습니다. 이러한 경우에는 '오메니 미테쿠다사이(너그럽게 봐주세요)'('오'를 길게 읽을 것), '간벤시테쿠다사이(좀 봐주세요)'라고 합시다. 이렇게 하면 관대하게 대응해 달라고 하는 뜻을 나타낼 수 있지만 상대가 그냥 넘어가 줄지 어떨지는 알 수 없습니다.

「よく見る」は「詳しく注意深く見る」という意味ですから、「よく見てください」とお願いしても見逃してはくれるはずがありませんね。このような場合には「大目に見てください。」「勘弁してください。」と言ってみましょう。こういえば「잘 봐 주세요」の意図は伝わりますが、見逃してくれるかどうかはわかりませんよ。

80 함께 하는 식사, '혼자' 하는 식사

아, 한국에 참 오랜만이다~
점심은 본토에서만 즐길 수 있는 한정식으로 할까?

한 분이세요?

네, 맞아요.

(누가 나를 쳐다보는 것 같은데…)

헉!

한국은 외식을 할 때 식당 같은 곳에서 혼자 식사하기 불편한 분위기입니다. 한국에서 식사란 모두가 함께 하는 것이라는 생각이 일반적입니다. 하지만 일본에서는 식당 등지에서 혼자 식사를 하는 사람을 자주 볼 수 있습니다. 식당이나 패스트푸드점에는 카운터석이나 벽을 향해 앉을 수 있는 자리가 준비되어있는 곳도 있어 혼자 식사하기 편하게 되어 있습니다. 일본인들은 회사나 학교에서 도시락을 먹을 때 여러 명이 함께 식사를 하더라도 한국인들처럼 반찬을 서로 나눠먹는 경우가 적으며, 기본적으로 자기가 준비해온 것만 먹습니다.

韓国では食堂などでは一人で食事しにくい雰囲気があります。食事はみんなでいっしょにするという考えが一般的です。しかし、日本では食堂などで一人で食事する人も多く見られます。食堂やファーストフード店ではカウンターや壁に向かった席が用意されているところもあり、一人で食事しやすくなっています。会社や学校などで弁当を食べるときも日本人は同席していても韓国人のようにおかずを自由に分け合って食べることは少なく、基本的に自分が持ってきたものは自分だけで食べます。

81 '손'을 잡는 것이 부끄럽다?

언니, 한국에 온 지
얼마 안됐으니까
오늘은 제가 안내할게요.

고마워요.
오늘 잘 부탁드릴게요.

그럼 갈까요?
뭐 먹고 싶어요?

아, 네…
아무거나 괜찮아요.
(여자들끼리 손을 잡다니,
초등학교 때 이후 처음이네.)

아, 저 가게 떡볶이 맛있어요.
가요.

아, 네….
(너무 딱 붙어 있으니까 불편해~
남들이 이상하게 안 보려나?)

헉!!
(우리만 팔짱끼고 가는 게 아니네.
한국은 보통 이렇구나.)

Explain

한국 거리에서 서로 손을 잡거나 팔짱을 낀 여자들이 사이좋게 걸어가는 것은 흔히 있는 일입니다. 일본에서는 여자들끼리 팔짱을 끼고 다니는 일이 별로 없습니다. 팔짱을 끼고 다니는 것은 부부나 연인 사이 같은 남녀 커플이 대부분이기 때문에 여자들끼리 팔짱을 끼는 데 대해 위화감을 느끼는 일본인이 많습니다. 또한 한국인이 일본인에 비해 상대방에게 가까이 간다든지 접촉하는 일에 관대하다고 합니다. 갑자기 팔짱을 끼면 당황하는 일본인 여성이 있을지도 모르니 조심합시다.

韓国の街で手をつないだり腕を組んだりして女性同士が仲よく歩いているのはごく普通のことですね。でも、日本では女性同士が腕を組んで歩くことはあまりありません。腕を組んで歩くのは夫婦や恋人同士などの男女のカップルがほとんどですから、女性同士で腕を組むことに違和感を感じる日本人が多いのです。また、韓国人の方が日本人に比べると、相手に近づいたり、接触したりすることに寛容だと言われています。急に腕を組まれたら慌ててしまう日本人女性がいるかもしれませんから気をつけましょう。

82 한국인의 이름에는 전부 '동'이 붙나?

여보세요. 거기 신림동입니까?
오랜만이다. 잘 지내고 있나?
아, 압구정동 양반도 잘 지내나?

(신림동 씨(氏), 압구정동 씨(氏))

응~ 그럼, 그럼,
얼마 전에 안암동 양반 만났어.

(안암동 씨(氏))

아, 그럼 신촌동에도
안부 전해줘~

(신촌동 씨(氏))

오해의 공식
○○ドン=○○동 씨

아저씨 친구들 이름에는
모두 '동'이 붙네요.

한국의 성인들은 친척이나 친구를 부를 때 일본과 같이 이름이나 닉네임을 사용하지 않고 '대경이 엄마'라든지 '윤아 아빠'라는 식으로 그 사람의 자녀의 이름을 부르거나 '둔산동, 압구정동' 등 그 사람이 살고 있는 동네 이름을 붙여서 부르기도 합니다. 하지만 일본인의 경우 그렇게 부르는 습관이 없기 때문에 '신림동', '압구정동'과 같은 동네 이름을 '장동건', '조인성'과 같은 사람 이름으로 착각하기 쉽습니다.

韓国の大人たちは、親戚や友人を呼ぶとき、日本のように名前やニックネームを使わず、「대경のお母さん」とか「윤아のお父さん」とその人の子供の名前を使ったり、「둔산동、압구정동」などその人が住んでいる町の名前を使って呼んだりします。しかし日本にはそのように呼ぶ習慣がないため、シンリンドンもアックジョンドンもチャンドンゴン、チョインソンと同じように聞こえてしまい、町の名前も人の名前と誤解してしまうのです。

83 아주머니는 '파마'?

소라야, 한국 아주머니들은 왜 모두 파마머리야?

엉?

요즘은 전 세계의 정보가 매우 쉽게 전파됩니다. 그 때문인지 유행에 민감한 한국이나 일본 젊은이들의 패션이나 헤어스타일도 크게 다를 바가 없습니다. 하지만 한국에는 그러한 유행에 조금도 동요되지 않고 고수되는 스타일이 있는데 바로 중년여성들의 파마머리입니다. 일본인들은 중년 여성이라도 파마를 하지 않은 사람이 많기 때문에 한국여성의 파마머리는 일본인들에게는 매우 인상적이라고 할 수 있습니다.

最近は世界の情報をすぐ手に入れることができるようになりました。そのせいか、韓国も日本も流行に敏感な若者のファッションやヘアースタイルはずいぶん似通って来ているようです。しかしそんな流行に流されないスタイルが韓国にはあるようです。それは中年女性のパーマです。日本人は中年女性でもパーマをかけない人が多いため、韓国女性のパーマはかなりインパクトがあります。

84 '청첩장'도 없이 결혼식을?

 들었어? K회사 다카하시 사장이 이번에 결혼한대.

 야~ 결혼식 성대하게 하겠는걸.

 이야기 중에 미안한데 스즈키 씨, K회사 다카하시사장님이 어디서 결혼식을 한대요?

스타호텔에서 하는 모양인데 그건 왜 물으세요?

 아, 다카하시사장님한테 신세를 져서 축하해주러 가야 할 것 같아서…

 와~ 탁구 씨, 청첩장 받았어요? 굉장하네요.

 예? 청첩장은 못 받았지만…

헉!

174 한국인의 잘못된 일본어 공식

Explain

한국인 김탁구 씨에게 있어서 지인의 결혼 소식을 듣고 급히 가 보는 것은 당연한 일입니다. 하지만 일본인 동료들은 탁구 씨가 결혼식 초대장을 안 가지고 있는데도 가려고 하는 점에 대해 놀라고 있습니다. 일본에서는 결혼식을 올리는 신랑과 신부에게 초대장을 받아 그때 동봉된 회신용 카드로 출석 의사를 전해야만 그 결혼식에 출석할 수 있으므로 소식을 접하고 부랴부랴 급히 달려갈 수 있는 의식이 아닙니다. 또 축의금은 친구인 경우 일화로 약3만엔-5만엔 정도를 준비하지 않으면 안 됩니다.

韓国人のキムさんにとって、知人の結婚式の情報をもらったらお祝いに駆け付けるのは当然のことですが、同僚の日本人社員たちはキムさんが結婚式の招待状を持ってないのに行こうとしていることに驚いています。日本では結婚する二人から招待状を受け取り、その際同封されている返信用のハガキで出席の意志を伝えてようやくその結婚式に出席できます。またお祝い金も友人であれば3万円～5万円ほどを包まなくてはならず、ちょっと駆け付けるというわけにはいかない儀式なのです。

85 '가려?', '안 가려?'

사토 씨, 한국 목욕탕은 처음이세요?

네, 그런… 헉!

왜 그러세요?

아, 아뇨, 아무 것도 아니에요.

그럼 안으로 들어갈까요?

아, 네.

사토 씨, 왜 앞을 가리시나요? 안 가리셔도 돼요!

그렇다고 해도~

한국의 대중목욕탕에서도 몸의 앞부분을 수건으로 가리는 사람을 가끔 보게 되지만 그것은 대개 일본인인 경우가 많습니다. 일본인인 경우 남성은 아래 부분을 여성은 가슴에서부터 아래 부분까지 수건을 늘어뜨려 가리는데 일본에서는 이와 같이 몸의 중요한 부분을 가리는 것이 당연한 예의입니다. 이와 달리 한국인은 알몸을 가리지 않고 볼 테면 보라는 듯이 떳떳하게 행동합니다. 하지만 일본에서는 대중목욕탕에 앞을 수건으로 가리지 않은 채로 들어간다면 틀림없이 뒤통수가 따가울 것이므로 각별히 주의해야 합니다.

韓国の銭湯で前をタオルで隠している人を時々見掛けますが、それはだいたい日本人であることが多いです。男性だったら下の部分を、女性だったら胸から下にかけてタオルをだらっと垂らして隠します。日本ではこのように隠すのが習慣化し、エチケットのようにもなっています。逆に韓国人は堂々としています。「見たければ見れば?」という潔ささえ感じられます。しかし、日本の銭湯では注目を浴びること間違いなしです。ちょっと隠したほうがいいかもしれません。

177

86 헉! 남탕에 '아줌마'가 있다?

탁구 씨, 일본의
대중목욕탕은 처음이세요?

예, 그렇…, 헉!

왜 그러세요?

아, 방금 여자가 지나가서…

아~ 청소하시는 분이에요.
신경 쓰지 마세요.

신경 쓰지 말래도
신경이 쓰이는 걸 어쩌나~

Explain

예전에 일본에는 반드시 동네에 '센토'라는 공중목욕탕이 있었습니다. 하지만 최근에는 '건강랜드'라고 불리는 대규모 공중목욕탕이 일반화되어 있습니다. 거기서 자쿠지나 폭포탕 등 다양한 유형의 탕과 여러 가지 효능의 목욕물을 즐길 수 있습니다. 남탕과 여탕으로 나누어져 있는데 문제는 남탕에 여성이 있다는 점입니다. 청소하는 중년 여성이 목욕탕 안이나 탈의실을 돌아다니는 것입니다. 일본의 남성들에게는 낯선 광경이 아니지만 외국인들에게는 기겁할 정도로 놀랄 일일지도 모릅니다.

日本は昔、町内に必ず「銭湯」という小さな公衆浴場がありましたが、最近は「健康ランド」と言われる大型の公衆浴場が一般化しています。そこではジャグジー風呂や打たせ湯などいろいろなスタイルの風呂や、いろいろな効能のお湯を楽しむことができます。もちろん男湯、女湯に分かれています。しかし問題は男湯に女性がいるということです。掃除をする年配の女性が風呂の中や脱衣所をうろうろしているのです。日本の男性にとっては見慣れた風景でも外国人にとっては腰を抜かすほどの驚きかもしれません。

87 '기모치와루이'란?

 이 무늬, 자세히 보니 조금 기모치와루이네(징그럽다).

기모치와루이(기분 나쁘다)?

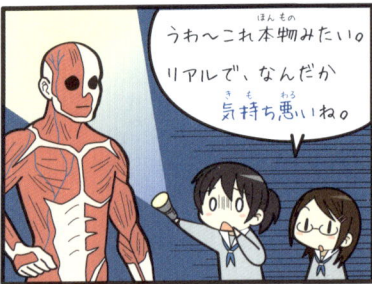

 우와, 이거 진짜 같다. 리얼한 게 왠지 기모치와루이네(징그러워).

으악, 개미가 엄청 많다. 기모치와루이(징그러워)!

 꺅~ 뱀이다! 기모치와루이(징그러워)!

아, 알았다. 기모치와루이=징그럽다 라는 의미이구나.

일본인은 그로테스크한 물건이나 무늬를 보았을 때, 그 느낌을 「気持ち悪い」라고 표현합니다. 한국어 '징그럽다'와 같은 의미입니다. 감정을 해한다는 의미가 아니라, 자신이 보고 있는 대상물에게 혐오감을 느끼는 것을 말합니다. 어떤 것을 보고 '징그럽다'고 느끼는 것에는 개인차가 있습니다. 「気持ち」는 한국어의 '기분'과 같은 의미로 자주 쓰이는 말이지만, 「気持ち=기분」이 아닌 경우도 있으니 기억해둡시다.

日本人は、グロテスクな物や模様などを見たときに、その感じを「気持悪い」と表現します。韓国語の「징그럽다」と同じような意味です。感情を害しているという意味ではなく、見ている対象物に嫌悪感を感じていることを表しています。どんなものを「気持悪い(징그럽다)」と感じるかは個人差があります。「気持ち」は韓国語の「기분」と同じ意味でよく使われる言葉ですが、「気持ち=기분」ではない場合もあるのです。覚えておきましょう。

88 '들'을 붙이면 이상해

1번 출구로 나가시면, 거기에 '차들'이 많아요.

오해의 공식
~들=~たち

'차들'? 왠지 이상하네.

Explain

한국에서는 '차들', '책들'처럼 명사에 '들'을 붙여 복수를 표현합니다. 이에 해당하는 일본어는 「たち」입니다. 「こどもたち」, 「がくせいたち」, 「ねこたち」와 같이 사람이나 동물, 곤충 등의 경우는 「たち」을 붙여 복수를 표현합니다. 하지만, 사물에는 「たち」를 사용하지 않습니다. 사람 등에 사용하는 「たち」를 붙이면, 일본인은 차나 책이 살아움직이는 모습을 연상하여 부자연스럽게 느끼게 되므로 주의해야 합니다.

韓国では「차들」「책들」のように名詞に「들」をつけて複数であることを表します。これにあたる日本語は「〜たち」です。「こどもたち」「学生たち」「ねこたち」のように人や動物や昆虫には「たち」をつけて複数であることを表します。しかし、事物には「たち」をつけません。人などに使う「たち」を「車たち」「本たち」のように事物につけてしまうと、日本人は車や本が生きている様子を連想して不自然に感じます。気をつけましょう。

89 '이케루(イケる)', 어디 가니?

오 해 의 공 식
行ける = 갈 수 있다

있지, 새로 나온 이 햄버거 꽤 '이케루(맛있다)'.

(갈 수 있다니? 어디를?)

있지, 아까 산 잡지 보여줘.

그래, 같이 보자.

우와, 귀엽다. 이 스타일, 꽤 '이케테루(멋있다)'.

('이케테루?' 무슨 뜻이야?)

이 사람, 꽤 '이케테루(멋있다)'.

'이케테루'란 게 대체 무슨 뜻이야?

Explain

「イケる」, 「イケてる」는 「行く」의 가능형인 「行ける」가 변화하여 생긴 말이라고 합니다. 「イケる」는 '괜찮다', '잘할 수 있다' 그리고 음식이 '맛있다'라는 의미로 사용됩니다. 「イケてる」는 '용모나 복장이 멋지다, 멋있다'는 의미로 쓰입니다. 멋있는 남성이라는 뜻의 「イケメン」이라는 말로도 자주 사용됩니다.

「イケる」「イケてる」は「行く」の可能形「行ける」が転じた言葉だと言われています。「イケる」は「大丈夫だ」「上手にできる」そして食べ物が「おいしい」という意味で使われます。「イケてる」は「容姿や服装がすばらしい、格好いい」という意味で使われます。格好いい男性という意味の「イケメン」という言葉もよく使われます。

90 '주차장'에서 일어난 희한한 일

탁구 씨, 큰일 났어요.
탁구 씨 차 앞에 다른 차가
주차되어 있어요!

아, 그래요?

(믿을 수 없어~)

Explain

한국의 아파트 주차장은 일본인에게는 매우 신기한 장소입니다. 비어있는 곳에 자유롭게 주차할 뿐 아니라 주차 공간이 아니면 언제든지 이동시킬 수 있도록 기어를 중립에 놓고 주차된 차앞을 가로막고 주차합니다. 하지만 이것은 일본인의 상식으로는 도저히 생각할 수 없는 일입니다. 일본에서는 아파트 주차공간이 지정되어 있으며, 그 곳 이외에는 차를 세울 수 없습니다. 주인이 아닌 사람은 손님용 주차공간에 차를 세웁니다. 일본에서는 주차공간이 없다고 해서 다른 사람 차 앞에 세웠다간 큰일이 날 것이 틀림없습니다.

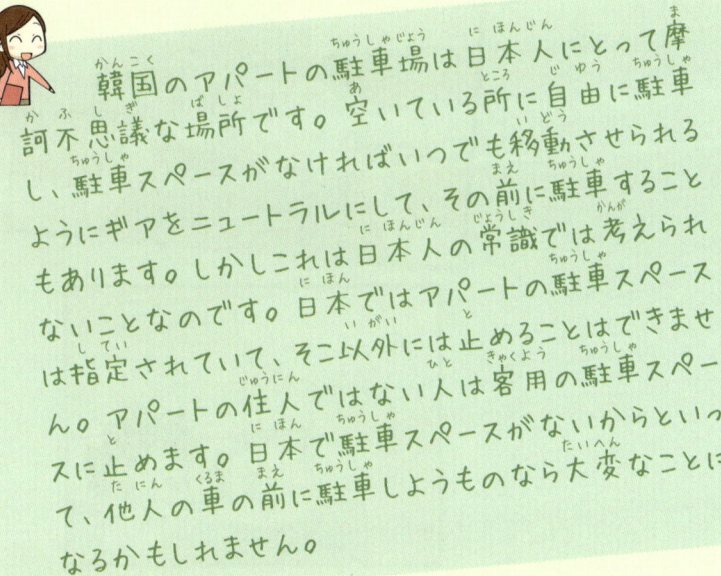

韓国のアパートの駐車場は日本人にとって摩訶不思議な場所です。空いている所に自由に駐車し、駐車スペースがなければいつでも移動させられるようにギアをニュートラルにして、その前に駐車することもあります。しかしこれは日本人の常識では考えられないことなのです。日本ではアパートの駐車スペースは指定されていて、そこ以外には止めることはできません。アパートの住人ではない人は客用の駐車スペースに止めます。日本で駐車スペースがないからといって、他人の車の前に駐車しようものなら大変なことになるかもしれません。

91 한국의 '도로사정'

우와~

기사님 운전 솜씨가 대단한데!

Explain

한국에서는 넓은 길이든지 좁은 길이든지 관계없이 거의 모든 길가에 자동차가 양옆으로 노상주차되어 있는 광경을 볼 수 있습니다. 하지만 일본에서는 노상주차를 거의 볼 수 없습니다. 그 이유는 단속이 엄격하기 때문입니다. 일단 불법주차로 붙잡히게 되면 3개월 이하의 징역 또는 일화 20만엔 이하의 벌금 조치를 받게 됩니다. 그 때문에 외출할 때 행선지에 주차장이 있는지 없는지를 확인하는 것은 일본인에게 있어 매우 중요한 일입니다. 일본에서 넓은 주차장이 완비되어 있는 시설이 인기가 있는 것도 바로 이러한 이유에서입니다.

韓国ではほとんどの道に車がずらっと駐車されています。広い道でも狭い道でも同じように見られる風景です。しかし日本では路上駐車はほとんど見られません。それは取り締まりが厳しいからです。一度不法駐車で捕まれば「3ヶ月以下の懲役または20万円以下の罰金」となってしまいます。そのため出かけるときに、行き先に駐車場があるかないかを確認するのは日本人にとって大切な仕事です。広い駐車場が完備されている施設が人気があるのもこんな事情からなのです。

92 이런 곳에서 '춤'을 추다니?

길에서 대범한 행동이네요~

이런 곳에서도 댄스입니까?

넷?

Explain

한국의 백화점이나 슈퍼마켓 주차장에서 여성주차요원과 남성주차요원이 수신호로 주차댄스를 추는 광경은 한국인에게는 익숙하겠지만 일본인에게는 매우 신기한 광경입니다. 그 독특한 율동과 대사는 일본 어느 곳에서도 접할 수 없습니다. 한국에서 일본인을 안내 할 때 이것을 여행일정에 넣으면 일본인들이 즐거워 할 지도 모릅니다.

韓国人にとっては見慣れた光景でも、日本人にとってはかなり珍しいもの…。それがデパートやスーパーの駐車場案内ボーイとレディです。あの独特な動きといい、コメントといい、日本のどこに行ってもお目にかかれません。韓国で日本人を案内する時、コースの一つに加えたら喜ばれるかもしれませんよ。

93 꼬치꼬치 물어보지 마

 갑자기 찾아와서 죄송해요.

 아, 아니에요.

 우와~. 좋은 집이네요.
이 집은 몇 년 융자이고
한 달에 얼마 정도 들어가나요?

 넷? 그런 말씀을…
(왜 난데없이 그런 것을 묻는 걸까?)

 우와~ 이 텔레비전도 최신형이죠?
비싸게 주고 사셨죠? 얼마예요?

 네?
(그런 것도 물어보는 거야?
무슨 저런 실례되는 말을 하지?)

 와, 사토 씨, 그릇도 모으시나봐요.
이런 것 비싸지요?

(어? 함부로 열지 마요.)
저, 저기~. 여보 빨리 좀 와.

Explain

친분이 있는 사람의 집을 방문한 경우라도 상대의 사생활을 함부로 캐묻지 않도록 배려해야 합니다. 자신의 집이나 놓여 있는 물건에 대해 칭찬받는 것은 매우 기쁜 일이지만 금액 등을 묻는 것은 경제 상태라고 하는 사생활에 관련된 사항이므로 실례입니다. 또한 함부로 장식장이나 냉장고를 열어보거나 방문을 열어보는 것도 사생활에 관여하는 일입니다. 친한 사이에도 예의를 지켜야 합니다.

知り合いの家を訪問したときにも、相手のプライバシーにむやみに踏み込まないように配慮しましょう。自分の家や、置いてあるものを褒められるのはとてもうれしいことです。でも、金額などの話は経済状態というプライバシーの問題になりますから失礼になります。また、むやみにキャビネットや冷蔵庫、別の部屋を開けてみるのもプライバシーに踏み込むことになります。「親しき仲にも礼儀あり」ですね。

94 '규칙'은 '규칙'이다

일본 대학에서

선생님, 지난주까지 제출기한이었던 레포트 말인데요. 어머니가 갑자기 병원에 입원하셔서 제가 간호를 했어요. 그래서 레포트를 쓸 시간이 없었습니다.

그것 참 힘들었겠네. (어머니는 괜찮으실까? 하지만 과제는 벌써 그 전부터 냈던 거니까 여유가 있었을 텐데.)

- 네, 그래서 지난 주 수업도 못 왔습니다.
- 무척 힘들었습니다.(분명히 이해해 주실 거야.)

- 그거 참 애썼네.
- (하지만, 친구에게 맡기는 정도는 할 수 있었을 텐데.)

기한은 지났습니다만, 레포트를 준비해 왔습니다.
잘 부탁드립니다.

하지만 과제 제출 기한은 엄수하라고 했지요?
(그 외에도 내지 않은 사람도 있고,
개인적인 일로 사정을 봐주면 한도 끝도 없어.)

- (교수님도 참, 냉정하시네. 융통성이 없어.)
- 교수님, 저한테는 이 강의 성적이 중요합니다. 제발 레포트를 받아주세요.

- (그것은 건이 군 개인적인 사정이잖아? 건이 군만 특별취급 할 수는 없어.)
- 미안하지만, 규칙은 규칙이야. 그 레포트는 이제 받아 줄 수 없으니 다음에 열심히 하도록 해.

Explain

일본인은 한국인에 비해 공과 사를 혼동하는 것을 싫어합니다. 일본인은 마음으로는 사정을 이해했다고 하더라도 규칙이나 규범을 우선시하려고 하는 경향이 있습니다. 사회적 질서를 유지하고 남에게 폐를 끼치지 않기 위해서는 규칙이나 규범을 지키는 것이 중요하다고 생각하기 때문입니다. 그렇기 때문에 약속이나 규칙은 지키는 것이 원칙입니다. 그것이 지켜지지 않을 때는 사전에 사정을 이야기하거나 허락을 받아야 합니다.

韓国人より日本人は「公私混同」を嫌います。日本人は、心情的には個人の事情が理解できたとしても、ルールや決まりを優先しようとする傾向があるのです。社会的秩序を維持し、人に迷惑をかけないためにはルールや決まりを守ることが大切だと考えられているからです。ですから、約束や決まりは守ることが原則です。それが守れないときにはあらかじめ話したり、許可をもらったりすることが必要ですね。

95 갑작스런 '방문'

 어, 누구지?
 나가봐.

 네.

안녕하세요? 김탁구예요.
근처에 지나가다 사토 씨
생각이 나서 잠깐 들렀어요.
차 한 잔 주시겠습니까?

어머, 탁구 씨, 안녕하세요?
잠, 잠깐만 기다려주세요.

어? 어떡하지. 갑작스럽네.
난 아직 잠옷 바람이야.
청소도 해야 돼. 서둘러~

(어? 어떻게 된 거지?
시간이 걸리네.)

한국에서는 친한 사이라면 갑작스런 방문인 경우에도 반갑게 맞이합니다. 하지만 이런 경우 일본에서는 주의하지 않으면 안 됩니다. 일본인은 누군가 갑자기 찾아오면 반가워하기보다 상대를 위해 아무 것도 준비할 수 없다는 점에서 상당히 마음에 부담을 느끼는 경우가 많습니다. 상대의 집을 방문할 때는 역시 사전에 연락을 해서 상대방의 형편을 물어볼 필요가 있습니다. 갑자기 방문하고 싶어졌을 때에도 전화로 '근처에 있는데 잠깐 실례해도 되겠습니까?'라고 한마디 양해를 구하고 방문하는 것이 바람직합니다.

韓国では、親しい間柄では突然の訪問もうれしいものですね。でも、日本では気をつけなければなりません。日本人は突然の訪問を受けると、うれしい気持ち以上に相手のために何も準備することができないという負担の方が大きくなってしまう場合が多いです。相手の家を訪問するときは、やはりあらかじめ連絡をして相手の都合を聞いておきましょう。突然訪問したくなったときも、電話で「近くまで来ているんですが、ちょっとお邪魔してもいいですか。」と一言断ってから訪問しましょう。

96 '금기사항' - 그 상태로 나가지마

있지, 이거 볼래?
이 운동화 어제 받았다♪

좋겠다. 한번 신어 봐.

어울린다.
오늘 입은 옷에 딱 어울려.

유카야, 잠깐 편의점에 가자.
과자라도 사게. 이 신발 신고♪

꺄~, 그 상태로 나가면 안 돼~

Explain

일본에서는 집안에서 신발을 신은 채로 그대로 밖에 나가는 것은 금기 사항입니다. 신발을 신은 상태로 집을 나가는 것은 사람이 죽어서 영원히 여행을 떠날 때 집 안에서 나갈 준비를 하고 밖으로 운구할 때 뿐이라고 여기기 때문입니다. 따라서 일본에서는 신발을 반드시 현관에서 신고 나가도록 해야 합니다.

日本では家の中で靴を履いた状態で、そのまま外に出ることはタブーとされています。履物を履いた状態で家を出るのは、人が死んで永遠の旅に出るときに家の中でその準備をして運び出されるときだけだと考えられているからです。靴は玄関で履いてから出かけましょう。

97 불 꺼!

유카, 안녕?

불을 켜다 = 火をつける

아, 소라야, 안녕?

아, 그러고 보니 불을 켜 놓은 채로 나와 버렸네.

불을 켜놓은 채로 나왔다고? 큰일이다.

누가, 집에 있어? 빨리 전화해봐.

오늘은 내가 맨 마지막에 나와서 아무도 없어. 계속 켜져 있겠지만 뭐 괜찮겠지.

안 돼. 빨리 돌아가자. 불을 끄지 않으면 안 돼. 학교에 갈 상황이 아냐.

괜찮다니깐, 유카가 과잉반응을 보이네.

200 한국인의 잘못된 일본어 공식 99

Explain

방의 전등을 켠다는 의미로 한국어로는 '불을 켜다'를 사용합니다. 그렇지만 그것을 일본어로 번역해 일본어로〈불을 켜다〉로 사용하면 문자 그대로 태우거나 요리하기 위해 '불을 켜다'라는 의미가 됩니다. '불을 켜다'는 「電気をつける(전기를 켜다)」,「あかりをつける(등불을 켜다)」, '불을 끄다'는 「電気を消す(전기를 끄다)」,「あかりを消す(등불을 끄다)」라고 말합니다.

部屋の電灯をつけるという意味で、韓国語では「불을 켜다」を使います。でもそれを日本語に直訳して「火をつける」を使うと、文字通り、燃やしたり、料理したりするための火をつけるという意味に理解されます。「불을 켜다」は「電気をつける、あかりをつける」、「불을 끄다」は「電気を消す、あかりを消す」と言いましょう。

98 화장실이 '멀다'?

유카, 나 잠깐 화장실 갔다올게.
유카는 안 가?

난 아직 괜찮아. 화장실이 멀거든.
(화장실 자주 안 가거든)

응?
화장실 바로 앞에 있는데?

Explain

「近い(가깝다)」,「遠い(멀다)」는「家の近くにパン屋があります(집 가까이에 빵 집이 있습니다)」,「まだまだ遠い未来の話です(아직 먼 미래의 이야기입니다)」등 거리나 시간 간격을 말할 때 사용하는 말입니다. 하지만, 일본어에서는 그 이외에도 유카가 말한「トイレが遠い」는 '나는 빈번히 화장실에 가는 편이 아니다'라는 의미로 사용된 것입니다.「トイレが近い」는 그 반대로, 예를 들면「さっきジュースいっぱい飲んだからトイレが近くなった(아까 주스를 많이 마셔서 화장실이 가까워졌다)」와 같이 쓰입니다.「電話が遠い」,「耳が遠い」는 한국어에서도, 일본어에서도 관용구로서 쓰이기 때문에 익숙하지요. 이 관용구 지식과 더불어「トイレが近い(遠い)」도 익혀두면 소라와 같은 오해는 없어질지도 모릅니다.

「近い」「遠い」は、「家の近くにパン屋があります」「まだまだ遠い未来の話です」など距離や時間の間隔を表す時に使われる言葉です。でも日本語では、それ以外にゆかちゃんのように「(私は)トイレが遠いです」のように慣用的に「近い」「遠い」が使われることがあります。ゆかちゃんが言った「トイレが遠い」は、「私は頻繁にはトイレに行かないほうです」という意味で使われています。「トイレが近い」はその逆で、例えば「さっきジュースいっぱい飲んだからトイレが近くなった」のようになります。「電話が遠い」「耳が遠い」は、韓国語でも日本語でも使われいる慣用句なので馴染みがありますよね。慣用句の知識に「トイレが近い(遠い)」も加えておけばソラちゃんのような誤解はなくなるかもしれませんね。

99 '전단지' 대작전

Explain

일본에서는 한국처럼 아파트 현관문에 전단지를 붙이지 않습니다. 현관문이란 것이 집에서 볼 때 바깥에 있는 것이라고 해도 주인이 있는 물건이기 때문에 그곳에 전단지 등을 함부로 붙이면 안 됩니다. 현관문의 한쪽 면에 붙어 있는 전단지를 보면 일본인들은 틀림없이 놀랄 것입니다. 일본에서는 전단지나 광고를 신문에 끼워서 배달합니다. 또, 직접 우체통에 넣는 경우도 많습니다. 우체통을 수시로 체크하지 않으면, 전단지로 가득 차 버릴지도 모릅니다.

日本では、韓国のようにアパートのドアにチラシを貼り付けるという習慣はありません。ドアは外側に面していますが、あくまでもその家の住人のものですから、チラシなどを許可もなく貼り付けるということはありえないことなのです。自分の家のドアにいろいろなチラシが貼られていたら日本人はびっくりするに違いありません。日本ではチラシや広告は主に新聞の間に挟まれて配達されます。また、直接郵便受けに入れられる場合も多いです。郵便受けはいつもチェックしていないと、チラシでいっぱいになってしまうかもしれません。

4컷 만화로 한눈에 알 수 있는

한국인의 잘못된 일본어 공식 99

초판발행	2012년 10월 5일
1판 5쇄	2020년 1월 6일

저자	조남성・혼다 미호(本多美保)・김현주・키노시타 쿠미코 (木下久美子)
책임편집	서대종, 조은형, 무라야마 토시오, 김지은
펴낸이	엄태상
마케팅	이승욱, 오원택, 전한나, 왕성석
온라인 마케팅	김마선, 김제이, 조인선
경영기획	마정인, 조성근, 최성훈, 정다운, 김다미, 전태준, 오희연
물류	유종선, 정종진, 최진희, 윤덕현, 양희은, 신승진

펴낸곳	시사일본어사(시사북스)
주소	서울시 종로구 자하문로 300 시사빌딩
주문 및 교재 문의	1588-1582
팩스	(02)3671-0500
홈페이지	www.sisabooks.com
이메일	book_japanese@sisadream.com
등록일자	1977년 12월 24일
등록번호	제 300 - 1977 - 31호

ISBN 978-89-402-9106-1 13730

*이 교재의 내용을 사전 허가없이 전재하거나 복제할 경우 법적인 제재를 받게 됨을 알려 드립니다.
*잘못된 책은 구입하신 서점에서 교환해 드립니다.
*정가는 표지에 표시되어 있습니다.